SECRETOS DE UNA GUERRERA

Déjame susurrarte al oído
lo que toda GUERRERA
debe conocer

BELÉN DIÉGUEZ MORA

"… pero a mí lo que me preocupa es el otro tipo de maltrato,
el que no deja marcas en la piel."

Walter Riso

Secretos de una guerrera
ISBN 978-84-09-00909-1

Primera edición: Mayo 2018
©Belén Diéguez Mora 2018
Autoedición y Diseño: Belén Diéguez Mora
guerreradecorazon@belendieguez.com

PREFACIO

Querida guerrera, lo primero de todo y antes de empezar.

ENHORABUENA POR TOMAR LA DECISIÓN DE SACAR LA GUERRERA QUE LLEVAS DENTRO

Desde pequeña siempre he querido dedicarme a algo que fuera mi pasión y que al mismo tiempo sirviera de herramienta para ayudar a los demás. HOY lo tengo y lo voy a poner a tu disposición.

Por muchos años he sufrido mucho y me he compadecido de mí, de mis desgracias, afortunadamente decidí salir de esta situación gracias a todo lo que voy a contarte en mis tres libros.

Estos SECRETOS que hoy grito al mundo a modo de susurros en mis páginas y EVENTOS te darán PODEROSAS HERRAMIENTAS para superar relaciones dañinas, obsesión amorosa y otros OBSTÁCULOS.

Gracias a todos los desafíos que he pasado me he convertido en la guerrera que soy y estoy preparada y feliz de poder ayudarte.

Nunca me podía imaginar que todo lo vivido me iba a proporcionar estos maravillosos momentos contigo.

¿Estás lista?

1º - Déjame susurrarte al oído lo que toda GUERRERA debe conocer.

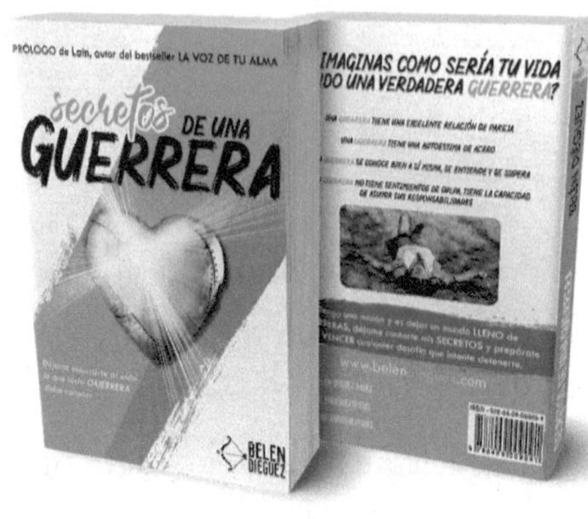

¿Te imaginas cómo sería tu vida siendo una VERDADERA GUERRERA?

UNA GUERRERA tiene una excelente relación de pareja.

UNA GUERRERA tiene una autoestima de ACERO.

UNA GUERRERA se conoce bien a sí misma, se entiende y se supera.

UNA GUERRERA no tiene sentimientos de CULPA, tiene la capacidad de asumir sus responsabilidades.

Tengo una misión y es dejar un mundo LLENO de GUERRERAS, déjame contarte mis SECRETOS y prepárate a VENCER cualquier desafío que intente detenerte.

2º - RENACER, es VOLVER a empezar, y solo UNA GUERRERA como TU, tiene el poder para lograrlo.

UNA GUERRERA en el camino puede enfrentar "BATALLAS" en las que es posible perder algunas cosas pero JAMÁS perderá SUS VALORES.

Por eso el RENACER de una GUERRERA te mostrará el valor que tiene LEVANTARTE cuando la mayoría decide DESISTIR o dejarlo todo creyendo que es su DESTINO.

Una VERDADERA GUERRERA domina sus EMOCIONES y las utiliza para hacerse MÁS FUERTE y más SABIA.

Deseo que TÚ mi amada GUERRERA agudices tu VISIÓN y tu INSTINTO hasta conseguir lo que verdaderamente te APASIONA.

Tengo que contarte CÓMO una GUERRERA puede RENACER, volver a CREER y a comenzar de nuevo a CREAR.

¿Estás preparada?

3º - Primero te di mis SECRETOS, luego te VI RENACER, ahora te mostraré todo el PODER que TIENES dentro de TI.

El PODER de una GUERRERA no está en sus músculos, Está en la fortaleza de su mente y en la calidad de sus pensamientos.

Quiero enseñarte a PENSAR como GUERRERA.

Deseo darte HERRAMIEN-TAS para que sigas AVAN-ZANDO a un siguiente NIVEL derribando cualquier desafío.

Voy a mostrarte como MULTIPLICAR tu FUERZA INTERIOR convirtiéndote en una GUERRERA INVENCIBLE y PODEROSA.

Cuando una GUERRERA aprenda LOS SECRETOS, RENA-CERÄ y su PODER será ILIMITADO.

GUERRERA, prepárate a ver al mundo ABRIR paso a tus más anhelados deseos.

TE AMO.
Belén

CONTENIDO

Primer flechazo

Segundo flechazo

DEDICATORIAS

A mis padres, por permitirme el lujo de estar aquí y hacer posible que pueda disfrutar de cada amanecer, de cada minuto y de cada instante que gozo en esta vida.

A mis hijos, porque son mi motor, mi energía, la gasolina que necesito para empezar con fuerza cada día.

A mis hermanos, que me permiten compartir muchos momentos con ellos y siempre están para darme el empujón que necesito cuando más falta me hace.

A Shuki, mi perrete, gracias a él he conocido el significado del amor incondicional.

A mi *villano favorito*, porque sin él no hubiera tenido que crecer, aprender y vencer tantas dificultades. Su presión me permitió utilizar todos mis recursos y todo mi poder interior. Gracias por conseguir el efecto contrario a tus deseos. Ni tú ni yo sabíamos el gran anti*villanos* que poseía en mi interior.

A mis grupos de apoyo continuo, *barco sin vuelta* e *imparables* de todo el mundo, a mi grupo de *best seller*. Sin todos ellos hubiera sido difícil sacar la fuerza necesaria para creer en mí como tenía que hacerlo en este proceso tan importante en mi vida.

A Lain que es mi mentor y apareció en el momento justo cuando decidí quemar todas mis naves.

A todas las *guerreras* que habéis depositado vuestra confianza en mí, recurriendo a mis experiencias para afrontar vuestras circunstancias.

A todos los que han confiado en mí lo más importante de sus vidas: su salud y bienestar.

A todas las personas que me han ayudado tanto tendiéndome su mano como poniéndome la zancadilla. TODAS ELLAS HAN SIDO MIS GRANDES MAESTRAS.

OS AMO, OS QUIERO, OS BENDIGO Y ESTOY DESEANDO EMPEZAR ESTE CAMINO JUNTAS

PRÓLOGO LAIN

Si supieras la cantidad de mujeres (y hombres) maltratados físicamente y psicológicamente que hay en el mundo, nunca más volverías a sentirte sola.

Las maldiciones se pasan de generación en generación. Víctimas y verdugos se atraen y conviven, aceptando sus roles hasta que uno de los dos toma conciencia y rompe el patrón. Ese día se abren puertas de bendición en la vida de todos.

La ignorancia crea semillas de frutos amargos. Si nos diéramos cuenta que es imposible dañar al prójimo sin hacerlo a nosotros mismos, nunca más volveríamos a hacer nada que pudiera herir a los demás.

Me gusta contar mi propia experiencia, y aunque pocas veces hablo de esto, mi ex-pareja me maltrataba psicológicamente. Esto no es cuestión de hombres o mujeres, ni de ser más fuerte o más flojo.

Yo mido 1'94 mts., he hecho deporte durante 22 años, mi cuerpo es fuerte, pero aun así, mi ex-pareja me maltrató porque yo se lo permití. Se lo permití el primer día que me habló mal. Se lo permití el primer día que me faltó al respeto. Se lo permití cada vez que me hacía desplantes.

Yo lo permití porque no me quería lo suficiente.

Hay que ser valiente para admitirlo, pero detrás del desafío está la bendición. Y lo digo con conocimiento, porque esa misma chica después se acostó con mi mejor amigo.

Ese día rompí con todo, me liberé y al día siguiente escribí LA VOZ DE TU ALMA que ha bendecido mi vida y la de millones de personas en todo el mundo.

Se de lo que hablo, y Belén también lo sabe. Por eso estoy orgulloso del maravilloso trabajo que está haciendo y espero que te sumerjas cuanto antes en las páginas de este libro para que te ayude a pasar de quien has venido siendo a quien has venido a ser.

LAIN, autor de *LA VOZ DE TU ALMA*.

www.lavozdetualma.com

No acumules Karma

Por favor, respeta mi trabajo. No piratees.
Si tus amigos o familiares quieren conseguir mi libro, diles dónde comprarlo en mi Web.

TESTIMONIOS

Belén Diéguez me ha robado el corazón, desde el día que la conocí supe que sería mi fuente de inspiración. Su personalidad, cargada de amor, fuerza, entusiasmo y sobre todo humor... ha hecho en mí una gran labor. Me está acompañando en mi crecimiento personal de la manera más dulce. Recomiendo su libro al 100%.

Laura Jordà Alfonso, actriz

Belén me ha acompañado en mi proceso de empoderamiento, aportando optimismo, ayudándome a encontrar soluciones por todos lados y siempre con risas y naturalidad. Es una persona llena de energía, fuerza, amor y sabiduría, justo lo que yo necesitaba en el momento en que la conocí. Su libro es ella al 100%, una persona que ha venido a inspirarnos a todos. Una gran maestra.

Mapi Bosch, coach de empoderamiento

Es un libro que te engancha desde el primer momento, que conecta con las emociones y en el que identificas algún momento de tu vida, alguna de las relaciones que hayas tenido. Durante la lectura vas a cambiar tu enfoque, tu modo de ver y sentir las relaciones y, por supuesto, vas a descubrir cómo recuperar tu poder personal, tu autoestima y tus ganas de vivir. Además, cómo encontrar tu propósito, dedicarte al él en cuerpo y alma y con ello ayudar a muchas personas. Gracias, Belén.

Noelia, autora del libro *¿Confías o temes?*

En ocasiones vivimos experiencias que nos marcan un antes y un después. Leer tus líneas me expresan una emoción impactante y siento una gran sensación de libertad. Gracias, Belén, por expresar de una forma tan breve toda esa mujer valiente que demuestras ser. Tu libro me ha ayudado a ver y creer que todo puede ser posible si uno lo cree así. Gracias por ese regalo tan maravilloso que has entregado al mundo. Gracias por tu fuerza, irradias luz y, a su vez, la transmites... Un beso enorme.

PEPI RAMÍREZ GALLEGO, autora de *Escondida tras la máscara*

Belén Diéguez Mora es escritora y líder de guerreras. Ella no solo hace que te identifiques con su libro sino que te proporciona la inspiración interior para que seas tú quien dirijas tu vida. Su libro está escrito con letras de fortaleza que contagian. Emociones y recursos para ser la protagonista de tu historia, escribirla y pasar a la acción, es lo que vas a encontrar en Secretos de una guerrera. Belén es generosidad pura porque nos enseña a salir del papel de víctimas, a encontrarnos con nosotras mismas y a identificar en cada una de nosotras lo que realmente nos mueve. Secretos de una guerrera mueve y conmueve. Gracias, Belén, por compartir esta grandeza con todos tus lectores.

OLGA FERNÁNDEZ, autora de *Vivir mola*

¿Cuántas veces hemos deseado que las cosas fueran diferentes?

Toda mujer debería leer este libro. Te ayudará a llegar a lo más profundo de tu parte femenina.

Belén te ayudará a reafirmarte como mujer por su experiencia y sabiduría.

Gracias a este libro podrás sentirte más fuerte, simplemente siendo como eres.

Potenciarás SER MUJER.

ISABEL AZNAR, autora de *Maribélula*

Recomiendo la lectura de este libro a toda mujer que sienta que está pasando por un proceso difícil en su vida. Belén, gracias a su experiencia, conseguirá abrirte puertas que pensabas que tenías cerradas con doble candado.

María Amparo Cabrera Serrano, autora de *El espejo mágico*

Gracias, Belén, por lo que transmites en tu libro, a través de cada página he podido sentir la fuerza que inspiras y conectar con el potencial tan grande que tenemos las personas para vivir la vida y las relaciones que soñamos. Como tú dices, todo comienza con cómo te tratas a ti misma. ¡Gracias por inspirarme con tu historia!

Diana Morato, autora de *La magia de escucharte*

Belén transmite con sus palabras fuerza, energía, coraje de vivir. Es firme en sus mensajes y, lo mejor de todo, es que pone todo su corazón para aportar claridad a todas las mujeres, sea cual sea la situación que estén atravesando. Tras la lectura de este libro comenzarás a valorar la persona que llevas dentro.

Pilar Gómez Suárez, autora de *Tus tesoros de luz*

Este libro me transporta a un lugar en donde poder encontrar la belleza y la seguridad que todas llevamos dentro. Leerlo me hace ver la fuerza de su autora y me ayuda a comprender la energía femenina desde un punto de vista de valía. No podemos olvidarnos de nosotras mismas y debemos tener claro cuáles son nuestras metas y sueños. Valorarnos como mujeres y aprender a mantener relaciones de pareja sanas a partir del autoconocimiento y de ser nuestra primera opción.

Stefanía Arias, autora de *Descubre tus sueños. ¿Bailas?*

SOY UNA GUERRERA DE CORAZÓN

Mi nombre es Belén Diéguez, nací en Madrid y soy una mujer normal. Madre de dos hijos increíbles, que ha tenido, a su vez, unos padres con absoluta dedicación a sus hijos. Mi única particularidad es que NUNCA ME HE RENDIDO ANTE LA ADVERSIDAD, es más, me he crecido ante ella.

GUERRERA DE CORAZÓN que no para hasta conseguir sus propósitos.

Toda mi vida me he dedicado a buscar algo que fuera mi pasión, algo a lo que dedicarme con verdaderas ganas y que al tiempo sirviera de herramienta para ayudar a los demás.

Con un supuesto don que me ha acompañado toda la vida, y que al fin pude descifrar gracias a la escritura de este libro. Mi vida ha estado marcada por la búsqueda continua de mi pasión, de ese don con el que supuestamente nací, e igualmente por las relaciones: las malas relaciones, sobre todo de pareja.

MI GRAN RETO: *MI VILLANO* 

Nunca he destacado en nada, desde pequeña he sido muy normal, sin ninguna capacidad extraordinaria. Todo lo contrario, me costaba conseguir las cosas más que a los demás.

En mi vida profesional siempre ha mandado la necesidad de encontrar trabajo. Durante mucho tiempo no he podido dedicarme a algo que fuera mi verdadera pasión.

Empecé estudiando administrativo a la vez que seguía

buscando algo que me llenara de verdad. Mi primer trabajo, por casualidad, fue de azafata de autocar y la verdad es que le tengo que agradecer la experiencia que me aportó, porque me hizo vencer mi timidez y enfrentarme a la vida sola por primera vez. Fue una experiencia muy gratificante porque me dio las primeras tablas en la vida. Eso duró un año.

El siguiente trabajo fue el que más ganas he tenido de abandonar en toda mi trayectoria, tres años interminables ejerciendo de administrativa en un puesto que cada vez me gustaba menos. Al final tuve que dejarlo porque no podía aguantar más.

Estuve trabajando en un puesto de pescado congelado en Mercamadrid. Por una vez conseguí tener jornada de mañana a costa de mucho madrugar y renunciar a la libertad de los sábados. Con un jefe maleducado e intransigente, que pagaba su mal humor con todos los empleados, fue una mala experiencia.

A continuación pasé tres años sabáticos intentando montar un negocio para no volver a estar nunca más a las órdenes de nadie. El miedo pudo conmigo y cuando vi que se me agotaban los recursos económicos me puse a buscar trabajo de nuevo y una vez más de administrativo, de lo que al menos tenía estudios.

Empecé con mal pie. En esa nueva empresa, con la excusa de una inspección, al cabo de cuatro días le dieron mi trabajo a la sobrina del jefe. Descubrí el engaño y me presenté allí a reclamar el dinero de mis días trabajados. Recuerdo que fue como en las películas, con la secretaria corriendo tras de mí.

Después de este episodio, viendo que administrativo no era lo mío, que además de que no me gustaba siempre me pedían algo que no tenía (edad, idiomas,…), decidí echarle valor y buscar trabajo de cualquier otra cosa.

Me empecé a presentar dos o tres veces a la semana en la oficina del INEM. Recuerdo que la persona que me atendía me parecía la Señorita Rottenmeier, de la serie de dibujos Heidi. Usaba las mismas gafas que el personaje y me acuerdo perfectamente de que se le cayeron a la mesa cuando insistí en que me diera los datos de una oferta como conductor.

Gracias a este cambio entré en la empresa en la que actualmente soy Asistente de Dirección Comercial. Desde el punto de vista de mis jefes y compañeros, no puedo pedir más. A nivel personal, no es mi pasión.

En medio de este pequeño laberinto de trabajos y de una situación personal muy dura y delicada, siempre he ido formándome.

El gran cambio vino en 2008, embarazada de cinco meses de mi hijo menor, cuando me decidí a hacer mi primer curso de Reiki. Fue el inicio de esta vorágine de cambios en la que me encuentro y que me proporciona tantas satisfacciones.

A partir de ese curso me tomé muy en serio mis estudios y formación. Desde luego he pasado por unos cuantos libros de crecimiento personal, sobre personas de éxito y con ganas de crecer y aprender.

Me he encontrado en el camino a gente maravillosa que me ha abierto los ojos a un nuevo mundo hasta ahora desconocido. Te cuento todo esto para que sepas que por fin he conseguido encontrar mi pasión, mi misión en el mundo: he encontrado aquello a lo que quería y debía dedicar toda mi energía vital.

Ahora, desde que me levanto hasta que me acuesto en lo único que pienso es en utilizar todos mis recursos y energía para ayudar a gente como yo, como tú, con todo mi corazón.

En un futuro cercano quiero crear una Fundación relacionada con la superación de las relaciones dañinas, centrada en potenciar la autoestima de las mujeres para enseñarles, con ayuda de mi experiencia y conocimientos, cómo utilizar a su favor sus malas vivencias, cómo descubrir todo su potencial y su pasión.

Mi travesía del desierto personal y emocional me ha convertido en la mujer GUERRERA DE CORAZÓN que soy en la actualidad, capaz de vencer obstáculos y ser feliz cada día pase lo que pase.

La felicidad es una elección de cada mañana al despertar.

No puedes elegir tus circunstancias pero sí puedes elegir la forma de enfrentarte a ellas.

¿QUIERES SALIR DE DONDE ESTÁS

Y LLEGAR DONDE TIENES QUE ESTAR?

ACOMPÁÑAME

Este verano de 2017 llevé a las vacaciones estivales mi maleta de los biquinis, más mi maleta con todos los libros de mi mentor.

Decidí quemar mis naves de verdad y me fui tan convencida que así ocurrió.

Me iba para diecisiete días a tierras catalanas, en concreto a Colera, un pueblo al norte de Gerona y a 10 kilómetros de la frontera con Francia, a desconectar del mundo y a conseguir, ¡por fin!, aquello por lo que llevaba toda la vida luchando.

No sabía hasta qué punto estaba quemando mis naves hasta que al cuarto día de vacaciones y de camino a una excursión, sucedió…

Os lo cuento al final del libro.

¿Te puedo pedir un favor? No leas el desenlace hasta que estés en la última página.

UNA MISIÓN

Después de un montón de años de pasarlo mal, de lamentarme continuamente, de sentir lástima de mí misma por todo lo que me había pasado y de regodearme en mi desgracia. De pronto un día, de una manera completamente inesperada, fui consciente de que todo lo que me había ocurrido no era por casualidad.

De repente entendí que la relación de pareja tan terrible que había vivido, ese trato continuado de indiferencia, ese vacío, ese sentirme cada vez con menos valor, no era porque sí.

ESTE ERA MI *DON*, ESTA ERA MI MISIÓN

Darle este mensaje a la mayor cantidad posible de mujeres.

NADIE TIENE QUE PASAR POR TODO ESTO

Pensé entonces que si yo era independiente económicamente, una persona con carácter y, sin embargo, había soportado sin rebelarme todo esto. ¿Cuántas mujeres en el mundo habían aguantado eso y mucho más?

Y eso fue lo que necesité para decidirme de una vez por todas a dirigirme a ti

QUERIDA GUERRERA

BIENVENIDA, *QUERIDA GUERRERA*

Lo primero darte mi más sincera ENHORABUENA. Si estás aquí es porque has decidido de una vez por todas coger las riendas de tu vida y he de decirte que es:

LA MEJOR DECISIÓN QUE PODÍAS TOMAR

Querida guerrera: Si sufres una relación dañina o una situación que te produce mucho dolor. Si sospechas que no estás viviendo una relación normal o estás en proceso de salir de una de estas relaciones. Si sientes que tu autoestima está herida y, además, no sabes cómo te ha podido ocurrir esto a ti. Si te encuentras confundida. Si crees que no deberías haber perdonado tantas veces. Si necesitas como el aire que respiras aprender a entenderte. Si quieres eliminar tu sentimiento de culpa y volver a creer en ti...

ESTÁS EN EL LUGAR INDICADO

Antes de seguir quiero que sepas por qué me dirijo a ti, mujer: porque mi experiencia y resultados se centran en mí y en otras mujeres. En ningún momento queda descartado ningún hombre y, por mi parte, son bienvenidos, pero tengo que ser honesta y contar mi experiencia tal cual es y mi experiencia tiene su foco en las mujeres.

Cualquier persona es bienvenida independientemente de su sexo, inclinación sexual, religión, edad, nivel de estudios u orígenes.

¡QUÉ MAS DA!

Somos personas con ganas de triunfar y de hacer lo que realmente queremos hacer que es EXPRIMIR LA VIDA. Lo importante de tu camino es justo la parte que estás a punto de comenzar.

Hablaremos largo y tendido sobre un personaje, el *villano*. En mi caso mi *villano* es mi ex-pareja, pero tú puedes sustituir *villano* por cualquier obstáculo que desees superar. Todo lo que vas a leer a continuación te va ayudar a salir de una situación de angustia y dolor.

Con todo lo que aprenderás en este libro vas a conseguir que *tu villano*, obstáculo, dificultad, lastre, ponle el nombre que quieras, te sirva de trampolín, utilizarlo para darle a tu vida un giro de 180 grados y que ahorres mucho tiempo de dolor y lo inviertas en placer.

EL PLACER DE HACER LO QUE HAS VENIDO A HACER EN ESTE MUNDO

A través de mi historia conocerás los recursos que he utilizado para dar la vuelta a la percepción de tu situación y cambiarla, salir del papel de víctima y utilizar la energía desaprovechada a tu favor.

Vas a manejar la situación como una verdadera experta. El mayor aprendizaje que te puede aportar este libro, y sólo por eso ya hubiera merecido la pena haberlo escrito, es que salgas de esa relación que te perjudica, que te hace tanto daño y te causa tanto dolor y puedas dedicar toda tu energía a tu pasión, dedicarte a lo que realmente has venido a hacer en este mundo. Y si no conoces tu pasión, prepárate para encontrarla.

Consigue un MENTOR, la persona que ha logrado lo que tú

quieres conseguir. Te llevará de la mano y sólo con esto te habrás ahorrado un montón de tiempo y, sobre todo, sufrimiento y dolor.

Y todo esto para que desde YA cojas las riendas de tu vida, empieces a hacer lo que has venido a hacer y alcances lo que te parece INCREÍBLE.

Querida guerrera, tienes entre manos el libro que a mí me hubiera gustado tener cuando más lo necesitaba. Me hubiera ahorrado 19 años de pesadilla.

EL TIEMPO ES EL BIEN MÁS PRECIADO

ES EL BIEN MÁS VALIOSO Y ESCASO

RECUERDA QUE ES ALGO QUE NO PUEDES
RECUPERAR

Aquí encontrarás ideas terapéuticas que ampliarán tu conocimiento y te van a devolver ese tiempo. Si a través de esta lectura una sola persona consigue salir de su relación dañina y descubre su pasión ya ha merecido la pena mi esfuerzo y dedicación.

Estoy deseando compartir contigo todo lo que he aprendido en estos largos años.

UN LIBRO PARA TI

Este no es un libro para que leas mi historia y mis logros.

Este es un libro para que a través de mi historia consigas ser verdaderamente consciente de tu historia, y que te sirva para salir disparada como un cohete hacia donde quieres llegar.

Este es un libro para que pases a la acción y escribas tu verdadera historia desde este momento para que solamente ocurra lo que quieres en realidad.

Este es un libro dedicado a las mujeres que han sufrido a manos de su *villano*.

Mujeres que ya han escapado de él y quieren reencontrarse a sí mismas sin heridas

Mujeres que están en proceso de escapar.

Mujeres que buscan su verdadera realidad.

Mujeres que no se conforman y que están dispuestas a conseguir todo lo que quieren LOGRAR.

SI PUEDES PENSARLO PUEDES HACERLO

Mujeres que utilizan los obstáculos como lanzaderas para despegar.

Mujeres que son auténticas *guerreras de corazón* y que tienen en este mundo mucho que aportar.

A través de mi historia puedes escribir la tuya, sigue los pasos que vas a ir encontrando y pronto andarás sola.

Quiero que sepas que

¡SÍ, SE PUEDE!

Se puede salir de la dependencia emocional, dejar atrás la obsesión amorosa y recuperarse de todo esto. Aunque no seas consciente, estas heridas son más difíciles de curar de lo que parece pero vas a conseguirlo.

Lo importante es que mi historia te sirva de guía para escribir la tuya con la única misión de:

PASAR A LA ACCIÓN

Ponte en movimiento, traza un plan y síguelo.

FOCO, PASIÓN, ACCIÓN

Mi reto: volver a ser persona después de una relación con un *villano* que me tenía sometida a su programa de ACOSO Y DERRIBO.

¿Ya conoces tu reto? ¿Sabes ya quién es *tu villano*, dificultad, impedimento, obstáculo o como lo quieras llamar?

¿Sabes ya adónde quieres llegar?

Pues atenta que tenemos mucho por hacer…

EN MARCHA

"Deja de buscar la felicidad en el mismo
sitio que la perdiste."

Anónimo

La escritura de este libro me ha supuesto una gran transformación y es uno de los motivos principales por los que me decidí a emprenderlo. Necesitaba escribirlo para mí.

Ha sido un gran trabajo terapéutico porque me ha ayudado a sanar heridas que no era capaz de curar.

Durante 19 años he estado atrapada en una relación que estaba destruyendo mi autoestima y mi integridad.

Media vida inmersa en una relación que lo único que hacía era asfixiarme la personalidad.

Querida guerrera, desde aquí quiero mandarte toda mi fuerza, apoyo y energía.

PIENSA EN TODAS LA DE COSAS QUE HAY
EN EL MUNDO PARA HACER

EN TODAS LAS COSAS QUE PUEDES HACER
PARA EL MUNDO

Todo lo que cuento aquí son mis experiencias y aprendizajes. Estos fueron mis recursos. Estas fueron mis tablas de salvación. Por supuesto, han sido las mías y tú tienes que encontrar las tuyas.

Espero que te sirvan de orientación. La formación es más importante de lo que piensas para salir del hoyo en el que te encuentras.

¿Preparada?

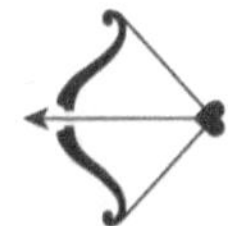

EMPIEZA MI HISTORIA Y
EMPIEZA TU NUEVA HISTORIA

De pequeña siempre he sido muy vergonzosa, con grandes complejos e inseguridades. Siempre me sentía inferior y me comparaba continuamente con los demás. Era tan tímida que he llegado a suspender exámenes orales por no hablar, aunque me supiera las lecciones mejor que el profesor.

Sufría mucho y no entendía por qué no podía ser como los demás. Quería ser alguien normal.

Ahora sé que no, que siempre he ido en sentido contrario y esa es mi esencia.

Siempre he sido como el salmón que nada a contracorriente, es una historia que me resulta muy curiosa y, además, me siento muy identificada.

La vida de un salmón se inicia en la cabecera de los ríos, siendo pequeños huevecillos, pequeños pececillos que rompen el cascarón. Cuando alcanzan su juventud se van al mar, donde viven hasta llegar a la madurez. Cuando llega el momento de la reproducción regresan al mismo lugar de nacimiento.

El viaje del salmón siempre es a contracorriente, una carrera contra el tiempo, un viaje muy duro de muchos kilómetros, una verdadera carrera de obstáculos llena de plantas acuáticas y peces más grandes que le quieren atrapar y osos que desde la orilla le quieren agarrar.

Se encuentra también con peces de su misma especie que se dejan arrastrar por la corriente y que le animan a rendirse y entrar en la comodidad de su zona de confort. La tentación es muy grande y el esfuerzo es descomunal, ¿te suena esta situación?

Pero su voz interior es más poderosa. En ese momento se despierta una fuerza que le impulsa a regresar al mismo río y lugar de nacimiento.

Es tan poderosa esa pasión o instinto que nadie sabe de dónde le viene. Ni el esfuerzo que representan los obstáculos ni la distancia le retiene, simplemente sabe que tiene que hacerlo, tiene que reencontrarse con su pasado para crear un futuro, una nueva generación de salmones.

Aunque sabe que va a morir, todo el esfuerzo va encaminado a perpetuar la especie.

ES SU MISIÓN

NADAR A CONTRACORRIENTE EN
LA VIDA REAL ES DIFÍCIL

Te enfrentas a un montón de retos, como hace el salmón en la historia que acabas de leer. Es más cómodo mantenerse en la zona de confort.

¿YA SABES HACIA DÓNDE QUIERES NADAR?

Mis sueños de niña

Como todos los niños soñaba despierta con ser cantante, bailarina, actriz, escritora…

Hasta detective privado. Aunque esto último se me pasó enseguida porque mi madre me recordaba que era miedosa e incapaz de matar una mosca.

En mi época estaban de moda las protagonistas de la serie de televisión Los Ángeles de Charlie, seguro que si eres de ese tiempo lo recordarás. Eran tres mujeres detectives al servicio de Charlie y yo quería ser Sabrina, que era morena como yo. En mis mejores fantasías me veía resolviendo todos los casos como ellas.

¿Tengo un don?

Mi madre siempre me ha dicho que había nacido con un *don*. Antiguamente se decía que si escuchas llorar a un bebé cuando todavía está en la tripa de su madre, ese bebé nace con un *don*. Y toda mi vida me la he pasado buscando ese *don*.

Si algo define mi vida es esa búsqueda. El intento constante de aprender, crecer y ser mi mejor yo. Siempre he estado buscando a qué dedicarme y que lo que hiciera sirviera de herramienta para ayudar a los demás.

En mi eterna búsqueda no me di cuenta de que lo que buscaba siempre estaba conmigo y me acompañaba a todas partes.

Pasaron los años y tuve que elegir

Llegó el momento de decidir. Como no quería estudiar una carrera y en mi época lo más fácil era acabar siendo administrativo o delineante, pensé que era incapaz de dibujar la típica casa con su arbolito y elegí administrativo. Aunque tenía claro que no quería dedicarme a eso toda mi vida, empecé a andar por ese camino aunque en mi interior seguía buscando y buscando ese algo que me llenara de verdad.

Mi primera relación

Empecé mi primera relación de pareja a los 15 años, para qué esperar. La primera vez que fui a la discoteca ya iba de la mano de él; chica precoz. Como dice mi madre, siempre he vivido al revés.

En esta época ya estaba tan frustrada que empecé a devorar libros de crecimiento personal. Me daban recursos para llevar mi vida de otra manera. Tus circunstancias no te pueden arrastrar y la realidad es que no era feliz. Muy pronto supe que no quería vivir esa vida. Quería escapar de ella. Sin embargo, en ese momento no sabía cómo.

Frustración personal y profesional

Mi vida profesional durante mucho tiempo la ha dirigido la necesidad de encontrar y tener un trabajo y no una verdadera pasión.

Después de ser azafata de autocar y administrativo, decidí tomarme tres años sabáticos e intentar montar un negocio propio. Las ventas no me gustaban tampoco y el miedo y ver que me quedaba sin recursos económicos frustró mi intento de no volver a recibir órdenes de nadie en el ámbito laboral. Luego, más malas experiencias como administrativo hasta convertirme en CONDUCTORA.

Rompí los patrones de la empresa, que nunca había contratado a una mujer para este puesto (a día de hoy todavía trabajo en ella, aunque ahora como Asistente de Dirección Comercial). No sabía que esta etapa laboral me iba a proporcionar grandes recursos económicos pero también poner la estabilidad de mi vida personal patas arriba.

La verdad que siempre he trabajado bien remunerada pero…

Empezó mi peor pesadilla

En mi nueva empresa tuve el honor de conocer al que se convirtió en padre de mis hijos y que a día de hoy es mi villano favorito. Mantuvo su programa de acoso y derribo contra mí durante años, aunque ni él ni yo sabíamos el gran antivirus que guardaba en mi interior.

UN AMOR EN SEIS ETAPAS CADA VEZ PEORES

"No debes cometer el mismo error dos veces, la segunda vez que lo haces, ya no es tu error, es tu opción."

Walter Riso

1. La Espera

A las dos semanas de conocerlo, vino con la noticia del embarazo de su pareja en aquel momento. Cuando me enteré, quería que me tragara la tierra y morirme.

De la noticia de ese embarazo imprevisto a su boda transcurrieron apenas cuatro meses y este período fue el inicio de mi gran calvario. Así comenzaban 19 años de historia, llenos de malos momentos, de dolor y de no encontrar mi lugar. A menudo pensaba qué había hecho en mi vida para merecer esto.

Con mi mejor cara, porque no te olvides de que era un compañero de trabajo, fui a su boda. Ganas tenía yo de vivir ese momento, pero había que disimular. Sobran comentarios de cómo me pude sentir. En mi ignorancia pensé que esto era lo peor que me podía pasar. Ojalá hubiera sido así.

Tuvimos cinco años de relación a escondidas de todo el mundo. En realidad, un secreto a voces que me hacía sentir fatal. Rompía completamente con mis valores y mi moral. No podía parar de pensar: "no hagas lo que no te gustaría que te hicieran".

Hasta que no te pasa no sabes cómo puede ocurrir y lo cierto es que sucedió de la única manera posible: le he querido más que a mi vida.

Por entonces, harta de tener que esconder mi amor, de esperar y de sufrir, acababa de conocer a un chico y aunque no le quería ni mucho menos, me decía que merecía la pena ser libre, poder amar y ser amada con libertad. Quería salir de esa situación que no podía soportar.

De nuevo no sabía todo lo que me iba a pasar.

Reaccionó rompiendo su matrimonio y, sin consultar conmigo, le contó nuestra relación a mis jefes. Por un lado era lo que más deseaba en el mundo, por otro era tarde. Sin embargo, me dejé llevar.

Como ya me había ilusionado muchas veces con empezar una vida juntos y no era la primera vez que se echaba atrás, le di un plazo de una semana para estar con sus cosas en mi casa que iba a ser nuestro hogar.

No se me olvidará nunca: pensé que el 25 de octubre de 2000 iba a ser el mejor día de mi vida.

A los seis días ya tuvimos la primera disputa y desde ese día fue un no parar.

Querida guerrera, visto desde la perspectiva de hoy y cuando me preguntan cómo pude aguantar, no sé qué responder. Sólo sé que cada día de mi vida pensaba que la situación iba a cambiar, que se iba a dar cuenta de todas las barbaridades que cometía con su comportamiento. Ignorante de mí.

Como dice mi mentor,

LA GENTE CREE LO QUE QUIERE CREER

Dicen que no hay dos sin tres, en mi caso no hay tres sin cuatro. Son las veces que mi ex se fue de casa dejándome cada vez en una situación peor.

> "Lo malo no es cometer errores. Lo malo es no aprender de ellos."
>
> *Anónimo*

2. El Primer Abandono

La primera vez que se fue de casa mi niña tenía apenas tres años. No se trataba solamente de salir adelante en lo económico, cada vez que se llevaba a mi niña con él, se me desgarraba el alma y mi corazón estallaba en pedazos, ella, mi niña, era mi alegría de vivir. Era realmente mi motor, mi energía y por lo único que me valía la pena vivir.

Me dejaba sola en un barrio que para colmo había sido un antojo suyo y las pocas amistades que me quedaban después de toda una vida en pareja tenían su vida propia. Precios que pagaba: ironías de la vida, él se fue de ese barrio y yo tuve que seguir y, mucho más importante, el abandono de los amigos. Otra gran lección que he tenido que aprender.

> Si alguien te abandona sin motivo, sería motivo más que suficiente para no dejarle volver a entrar en tu vida nunca.

3. Segundo Abandono

Estaba decidida a empezar de nuevo y buscaba la manera de salir de mi mala situación económica. Cada ida y vuelta de él significaba aumentar una deuda que al final siempre se quedaba para mí.

No me dio tiempo de buscar muchas más soluciones porque a los tres meses volvió arrepentido y ofreciéndome una vida de lo mejor.

Quién se podía resistir. Mi sueño ideal era tener de nuevo la familia que siempre había querido. Demasiado tarde he aprendido esto que leí en alguna parte y que se me ha quedado muy grabado:

> Si el pasado llama a tu puerta no tiene nada nuevo que ofrecerte.

Pero se volvió a marchar.

Después de muchos momentos malos, porque casi no los había buenos con él, y transcurridos un par de años aproximadamente, a las 15 semanas de embarazo de mi segundo hijo y recién salida de una prueba de amniocentesis que exige, ya sabes, reposo absoluto y el mayor cuidado para que la bolsa no se rompa y se produzca un aborto: se volvió a marchar.

Mi situación todavía era peor esta vez. Estaba completamente arrepentida de haberle abierto la puerta de mi vida de nuevo. Pero, ¿qué podía hacer? Tenía una niña de cuatro años, estaba embarazada, con unos ingresos que no me permitían llegar al tercer día de cada mes. No había elección, tuve que seguir pidiendo e incrementar mis deudas.

Cuando llegó el momento de pedir la baja maternal, haciendo frente a lo duro de la situación porque seguíamos siendo compañeros de trabajo, le escribí para facilitarle mi correo electrónico de contacto personal por si quería tener noticias cuando llegara el momento de que naciera nuestro segundo hijo. Temía que si se lo perdía me culparía. Y ahí empezó de nuevo su arrepentimiento.

Duele sentirse abandonada. Duele sentir que nos han dejado. Nunca es buen momento. Pero

> CADA DOLOR TE HACE MÁS
> FUERTE Y CADA EXPERIENCIA MÁS
> INTELIGENTE

4. Tercer Intento y Abandono

No soy de quedarme con los brazos cruzados. En 2008 llegó un gran cambio. Decidí hacer mi primer curso de Reiki y fue el inicio de algo distinto. A partir de entonces, al margen del Reiki, me he formado además en materias como Medicina Tradicional China, Tuina, Reflexología Podal, Ley de Atracción, Flores de Bach, Homeopatía, Coaching, PNL, Inteligencia Emocional, Clown, Risoterapia, Meditación…

Sin embargo, en ese momento, cuando regresó a mi lado de nuevo arrepentido, caí otra vez en la tentación. Creía en el ideal de familia y eso era superior a todo. Con una niña de cuatro años y un bebé volver a tener la familia soñada era irresistible para mí.

Este regreso me generó un gran conflicto con mi familia más cercana, pues no entendían que, después de todo lo que habíamos pasado y sufrido todos, le volviera a perdonar.

Y, a pesar de todo, le perdoné de nuevo. Entusiasmada con mi nueva vida, muy ilusionada porque esta vez "sí" que era para siempre, estaba radiante.

Pero, cuando mi hijo pequeño tenía dos años se volvió a marchar. Era la tercera vez y, sí, *querida guerrera*, al cabo de cuatro meses también volvió a regresar y también le perdoné.

5. Cuarto Abandono

La última parte de nuestra relación, el cuarto intento por así decirlo, es el más absurdo de todos porque fueron cuatro años de calvario para nada y todo iba cada vez peor.

Esta era la despedida definitiva y no se marchó sin antes hacer más daño que en las anteriores.

Andaba en bancarrota total y, con todas las cargas que tenía a mis espaldas, para poder empezar una vida en solitario tuve que pedirle aplazar nuestra separación. Unos extras a esas alturas me permitían poder mantener la vida que llevábamos sin sus ingresos.

Aceptó el acuerdo, pero a cambio cada noche durante los tres meses que tuvimos que convivir antes de la separación hablaba, sentado a mi lado en el sillón, con su nueva pareja por whatsapp. Era como tenerla sentada todas las noches con nosotros. Un gran trío en el que, a pesar de estar en mi casa, la que sobraba era yo.

Cuando se fue, lo hizo dejándome todas las deudas acumuladas desde el principio de nuestra relación, les quitó a mis hijos la parte económica que les correspondía y arrasó con todo lo de valor material que teníamos en ese momento.

6. Reinventarme, Resurgir y Renacer

Si me hubieras visto entonces, *querida guerrera*, verías a una mujer con una niña de 11 años, un niño de 6, en bancarrota, con una gran cara de tonta y como único escudo mi formación.

No era superar una ruptura de pareja, que no es poco, tenía que superar que la persona que más había querido en este mundo se había llevado todo el esfuerzo de una vida y mi dignidad.

Empecé sola esta nueva vida. Como dice mi mentor, el camino del guerrero empieza por la soledad.

Cuando pasas malos momentos es cuando más espaldas ves. Personas muy cercanas a mí me han dado la espalda y me han hecho sentir todavía peor.

Mi familia estaba aburrida de esta historia, sus ideas no tenían nada que ver con las mías y no podían ser mi mayor apoyo en este momento. La única solución que me daban era ir para atrás como un cangrejo.

Yo no había llegado hasta aquí para ir hacia atrás.

Así que FUI FORJANDO MI NUEVA VIDA, la mejor etapa de mi vida y que, sin duda, compensa todo lo sucedido con anterioridad.

PRIMER FLECHAZO

TOMA DE CONCIENCIA, MI DESPERTAR

> "Ser consciente es comenzar a notar todo lo que
> ocurre a tu alrededor."
>
> Eugenia Mancera

¿Cómo hacer frente a un problema sin ser consciente de que existe?

Si no eres consciente de lo que está sucediendo difícilmente le puedes poner remedio. Para ti todo es normal porque es lo que vives a diario, hasta que de pronto se enciende la luz.

¿Es posible que juguemos al escondite con este grave problema porque no queremos ni pensar en él?

ORACIÓN DE LA GUERRERA DE CORAZÓN

ERES ÚNICA

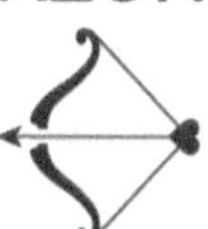

A partir de este momento te vas a hablar todos los días para convertirte en la persona que has venido a ser. Repite esto varias veces al día.

Soy Guerrera de Corazón.

Consigo todo lo que me propongo.

Mis obstáculos son lanzaderas hacia mis sueños.

Me voy a dar el mejor trato del mundo.

Todo el mundo me trata como me merezco.

Toda mi energía la voy a invertir para trabajar en mi interior.

Voy a ser mi mejor yo.

Atraeré a mi lado a las personas que quiero tener.

Nunca, nunca voy a permitir que me hagan sentir inferior.

Soy capaz de conseguir todos mis propósitos.

Porque yo SOY UNA GUERRERA DE CORAZÓN.

¡QUÉ SUERTE HE TENIDO!
¿CÓMO PUEDE EXISTIR ALGUIEN
TAN PERFECTO?

"El amor perfecto no existe, se construye y es cosa de dos."

Anónimo

Le conocí en la peor de las situaciones. Empezaba a trabajar en lo que sería mi jaula de oro, la empresa que más satisfacciones y disgustos me ha podido proporcionar. A nivel laboral me ha aportado un montón de experiencias. A nivel personal ha sido mi gran calvario. Aunque hay un refrán que lo dice más claramente, he preferido idear uno similar:

> De donde tengas obligaciones aleja
> los corazones

Y yo inicié una relación clandestina con alguien con quien trabajaba. Directa a lo contrario.

Durante toda esa relación a escondidas no dejaba de maravillarme por las cosas que él tenía y me aportaba.

Su lista de bondades no tenía fin, me parecía el ser más maravilloso que habitaba el planeta, ¡qué autoengaño! Si no estás alerta la mente te lleva donde quiere.

Me consolaba pensar que, a pesar de todas las cosas a las que tenía que renunciar por esa relación a escondidas, el poder vivir su amor compensaba todo lo demás.

Esta etapa del enamoramiento, ya se sabe, es de ceguera total y todo te parece bien.

Con el tipo de relación que manteníamos al principio era difícil conocerse, eran momentos de escape, donde el único deseo era estar juntos.

Estábamos sólo para los momentos buenos, soñando con una vida que nunca vivimos.

En nuestros encuentros furtivos planeábamos nuestra vida en común. La imaginábamos llena de actividades juntos: salir a correr, acudir al gimnasio, compartir cada tarea, incluso las domésticas, y disfrutar juntos de algo tan sencillo como ir a la compra.

Cualquier cosa, aunque se tratara de una obligación, se convertiría en un placer si podía compartirla con él.

Soñaba despierta con una vida feliz, una vida que sería como un juego y, si cerraba los ojos, me venían a la mente nuestras guerras de almohadas con todas las plumas rodeándonos flotando en el aire.

Se me iluminaban los ojos sólo de pensar que tendríamos todo el tiempo del mundo para estar juntos sin tenernos que esconder ni mirar el reloj.

Mi piel se eriza al recordarlo y me pregunto a menudo por qué en este caso la realidad no ha superado a la ficción.

Hoy ya lo sé: estos sueños eran sólo míos y no de los dos.

Esta etapa duró el tiempo que dura un amor secreto y que parece un suspiro, pero fueron cinco años de espera para disfrutar de lo que nunca llegó.

Querida guerrera, sigue leyendo y verás que la primera desilusión estaba a la vuelta de la esquina...

IDENTIFICAR SUS SEÑALES

"Lo esencial es invisible a los ojos."

El Principito de Antoine de Saint-Exúpery

Por tu bien, enciende la luz de alerta total y detecta las señales de *TU VILLANO*. Esta parte es un punto clave y el más difícil.

Por su forma de comportarse con los demás, a menudo dudas de ti, de tu forma de actuar y de pensar.

Es un ser maravilloso con el resto de personas de tu entorno así que esto te hace sentir cada vez peor y más ruin.

Pasó mucho tiempo antes de darme cuenta de que lo que ocurría en mi relación no era normal.

Aunque hay un montón de señales, te cuento cuáles fueron decisivas para mí. Estoy aquí para que tú las detectes mucho antes. ¡Escúchame!

DECÁLOGO DE COMPORTAMIENTO DE TU *VILLANO*

1. TU *VILLANO* jamás le da valor a nada de lo que haces, ni a tus logros personales ni a los profesionales. En mi caso, era muy llamativo, porque: ¿es posible que no muestre interés por nada de lo que hago?

2. TU *VILLANO* no agradece nada de lo que haces, simplemente es tu obligación. Para estos personajes, sólo tienes obligaciones.

Y, ¡por favor!, no se te ocurra replicar porque será peor.

3. TU *VILLANO* minimiza cualquier problema que tengas haciéndote sentir continuamente que te quejas de vicio y que todo lo que te pasa no es nada.

4. TU *VILLANO* ante cualquier desencuentro, desacuerdo o discusión te obliga a ceder. Si intentas hablar o llegar a un punto común empieza lo que llamo PROGRAMA DE ACOSO Y DERRIBO que comentaré ampliamente en otro punto de este libro, pero que consiste básicamente en pasarse días enteros sin hablarte y sometiéndote a un continuo vacío. ¿Hay algo más duro que la indiferencia en el amor?

5. Ante TU *VILLANO* muchas veces te guardas lo que piensas. Sientes miedo porque temes su desproporcionada reacción.

6. TU *VILLANO* siempre valora un mismo hecho mucho mejor si lo realiza otra persona que si eres tú quien lo lleva a cabo.

7. Sientes que no puedes ser tú misma cuando estás con TU *VILLANO*.

8. TU *VILLANO* te hace dudar de tus capacidades.

9. Nunca te has sentido más sola que estando con TU *VILLANO*. Me identifico mucho con esta frase:

"Solía pensar que la peor cosa en la vida era terminar solo. No lo es. Lo peor de la vida es terminar con alguien que te haga sentir solo."

Robin Williams

10. TU *VILLANO*, en medio de situaciones de crisis, si surge compartir momentos con cualquier otra persona o grupo de

personas, puede ser capaz de someterte a su indiferencia y de castigarte con su vacío y a la vez comportarse como la persona más encantadora del mundo con los demás.

Esto es lo que llamo el *efecto Angel Garó*. ¿Conoces o te acuerdas de aquel cómico, famoso por sus apariciones en televisión, que era capaz de cambiar de personaje en cada giro?

Garó entró en el libro Guinness de los Récords en 1992. Fue capaz de doblar al castellano, él solo, a los 32 personajes de la película *FernGully: Las Aventuras de Zak y Crysta*, y prácticamente realizó la totalidad de los efectos sonoros de la misma; hasta la fecha ningún otro actor de doblaje ha conseguido igualar esto.

Estos personajes tienen esta habilidad.

UNA PEQUEÑA PRUEBA PARA DETECTAR A TU *VILLANO*

Lee esta treintena de comentarios concretos sobre la actitud de tu *villano* y piensa cuáles tienen que ver con tu pareja. Saca tus propias conclusiones.

1. Controla la economía del hogar. Se las ingenia para controlar el dinero para ropa, comida, ocio… y para que las facturas y los gastos sean cosa tuya.

2. Muestra su desconsideración hacia ti delante de otras personas, dejándote en ridículo y haciéndote sentir inferior. Con frecuencia te hace sentir estúpida.

3. Critica cada paso que das, cada iniciativa que tienes. No valora nada de lo que haces.

4. Va de mala gana y a rastras a todos los sitios.

5. Le da igual lo que digas, tu opinión no es importante y, en realidad, ni te escucha.

6. Le importa poco o nada lo que haces, lo que te ocurre o lo que sientes.

7. Se muestra lejano y ausente tanto en casa como fuera, incluso ante tus hijos (si los tienes).

8. Haces lo que te dice porque si no se enfada y debes atenerte a las consecuencias. En ocasiones su actitud te produce pánico porque sabes que te espera lo peor.

9. Se enfada sin atender a razones.

10. Ni te mira ni te responde cuando le hablas, para él no vales nada y te lo demuestra constantemente.

11. Los pocos momentos que comparte contigo son siempre desde el desprecio.

12. Cualquier excusa es buena para enfadarse y dejarte sola en cualquier situación.

13. Te hace creer que siempre tiene razón y que tú estás loca y eres mala persona.

14. Nunca está a tu lado en los momentos difíciles, o está enfadado o simplemente te quiere mostrar de nuevo su indiferencia.

15. Te hace mucho daño con su indiferencia hacia ti, incluso hacia tus hijos (si los tienes).

16. Puede estar incluso meses sin hablarte, mirarte o acercarse cariñosamente a ti y sin plantearse tener relaciones sexuales contigo.

17. Genera tu desconfianza, te conviertes en un investigador de su vida oculta, te obsesionas con eso y llegas a sentir celos.

18. Si alguna vez muestra interés y es cariñoso, es porque busca un encuentro sexual.

19. A la mínima dificultad se marcha y desaparece.

20. Le sienta fatal que le pidas el más mínimo favor.

21. Le molesta que estés contenta, feliz o risueña.

22. Se une a otros para ir en tu contra y te menosprecia.

23. Te ridiculiza por tus creencias y opiniones ya sean culturales, sobre el deporte, el cine…

24. Te hace sentir culpable porque no le atiendes como espera.

25. Jamás te lanza un cumplido, aunque vayas preciosa a una ocasión especial.

26. Toma decisiones muy importantes sin tener en cuenta tu opinión.

27. Muestra un exceso de amabilidad con los demás.

28. Conquista a las personas de tu entorno para ponerlas a su favor y logra que estas personas te den la espalda.

29. Su especialidad es hacerse la víctima y quedar como tal.

30. Arrasa con todo el esfuerzo de tu vida, viene sin nada y se lleva todo.

AHORA VALORA TUS RESPUESTAS

Entre 1 y 12 coincidencias - Relación dañina moderada

13 o más coincidencias - Relación dañina grave

Más de 20 coincidencias - Relación dañina intolerable

SÉ CONSCIENTE DE LA SITUACIÓN

"Cuando te haces consciente de algo, te desapegas de ello."

Enric Corberá

Recuerdo cuando empezamos, la ilusión de estar juntos, el deseado *día X*, así lo llamábamos. No veía el momento de que llegara ese día. ¡Qué ilusión! Pensaba en ese maravilloso día con más entusiasmo que los niños en la Noche de Reyes.

La espera para ese gran *día X* la hacía a base de puro dolor: él no era libre, disponíamos de momentos robados, momentos que se desvanecían como el humo y, otra vez a esperar, hasta la siguiente y lejana ocasión.

Cada vez que nos veíamos creía tocar el cielo con las manos, podía oler lo que era el amor, percibirlo con todos mis sentidos, miles de emociones recorrían todos los poros de mi piel y deseaba que esos momentos se mantuvieran toda la eternidad.

Los paréntesis los llenaba de fantasías, pensaba continuamente en que esa maldita espera merecía la pena porque la vida nos iba a compensar con una relación de pareja de película. Soñaba.

Ingenua de mí, película sí, pero lo que no sabía en aquel momento que iba a ser de otro género, de terror.

Cuando acababan esos momentos y se tenía que marchar, me hacía pedazos. No concebía que algo así me estuviera pasando a mí.

En mi cabeza me preguntaba absurdamente. ¿Por qué se tuvo que casar? ¿Por qué no pudo dejarme embarazada a mí? Hubiera sido lo ideal, está claro que soy la mujer con la que realmente quiere estar. Era una ilusa.

Como sucede con muchos sueños, cuando llegó el maravilloso y definitivo *día X* fue una auténtica decepción. Por fin podíamos estar juntos y disfrutar de nuestra vida en común, de aficiones compartidas y momentos maravillosos y, sin embargo, tantas veces lo había soñado, lo había idealizado tanto, que fue como un jarro de agua fría.

Un mar de dudas me asaltaba continuamente. ¿Habrá merecido la pena la espera? ¿Pasar tantos momentos de dolor y remordimientos?

No un jarro de agua fría sino el gran chaparrón llegó al sexto día. Intuí tanto que la cosa no pintaba bien que incluso le recomendé volver con su mujer; estaba segura de que le iba a perdonar.

Aun así, faltaban 19 años, que son 6.935 días, o 166.440 horas, o 9.986.400 minutos, o 599.184.000 segundos para darme cuenta de la cruda realidad.

Querida guerrera, este libro está escrito con toda mi alma para que seas consciente de una situación así mucho antes que yo.

El problema principal es que no eres consciente de que existen este tipo de personajes, por desgracia, lo ves hasta normal, pero

NADIE TIENE DERECHO A ROBARTE TU IDENTIDAD

Aunque a partir del sexto día fui descubriendo a *mi villano*, no fue hasta transcurridos 19 años cuando llegó la ruptura y para colmo por su iniciativa.

¿Seguiría hoy aguantando y esperando a que se diera cuenta de todo? Me parece increíble. A día de hoy todavía no sé cómo ha podido pasar.

ESTO ES IRRACIONAL

Por favor, atenta a todas las señales, las tienes que identificar.

OBSESIÓN AMOROSA

"La obsesión es como una chispa que inicia un fuego y arrasa con todo, incluso con el amor."

Leonardo Di Caprio

La obsesión amorosa es lo que impide que veas e identifiques las señales de todo lo que está ocurriendo en una relación que hace daño.

Una obsesión te deja atrapada en una idea fija que te asalta con frecuencia.

Mi obsesión era tener una relación ideal de pareja, quería que funcionara a toda costa, seguir con él y sacar a nuestra familia adelante.

En cada ocasión en que las cosas iban mal, lo único en que pensaba era en que se daría cuenta de lo que hacía, pero eso no ocurre nunca. *Tu villano*

JAMÁS SIENTE EMPATÍA, JAMÁS SE ARREPIENTE DE VERDAD

Toda adicción por más que esté enmascarada de forma "sana" es algo negativo.

Mi creencia-anclaje-concepto era la familia. Compartía mi vida con un hombre separado y ni imaginaba que nuestra familia se pudiera romper; era para siempre.

Ya lo decía la canción:

"No, nooooo es amor, escúchame por favor, lo que tú sientes se llama obsesión."

Vamos a detallar este triple término CREENCIA-ANCLAJE-CONCEPTO y cómo afecta a todas las facetas de nuestra vida.

Simplemente una pincelada para que entiendas lo que ocurre porque de este tema se podrían escribir libros enteros y no es mi intención.

Vamos a ahondar en las creencias y para ello, de momento, vamos a definir qué es una creencia exactamente.

Creencia: Idea o pensamiento que se asume como verdadero. Pueden ser potenciadoras o limitadoras.

Escribe ahora, por favor, *querida guerrera*, qué significado tiene la creencia para ti.

Tienes creencias limitadoras de las que ni tú misma eres consciente. Esto se convierte en un gran obstáculo para avanzar hacia tu objetivo. Estas creencias las desarrollamos desde que nacemos por entorno familiar, cultural y la educación que recibimos.

MI CREENCIA, ANCLAJE, CONCEPTO ERA LA FAMILIA

Bastante tenía con romper el patrón y formar una familia con un hombre que ya había formado otra antes.

Todas estas creencias las tenemos en un maravilloso lugar de nuestro cerebro llamado SUBCONSCIENTE.

Aunque no lo parezca, el subconsciente es el que manda, es muy poderoso y controla el 90% de nuestra capacidad cerebral.

Ten presente que la mente subconsciente es la que almacena todos los recuerdos de nuestra vida.

Su función es protegernos y actúa de forma rápida para lograrlo.

Hasta hace poco tenía terror a los perros. Me podía cruzar con el más pequeño del mundo y bastaba con que el pobre animal me mirara para sentir tal pánico que de un salto me podía subir encima de la persona que tuviera más cerca para protegerme.

Aunque no recuerdo ningún ataque, siempre he tenido claro que algo me debió de pasar, algún incidente con este tipo de animal. Es seguro que en mi subconsciente tengo grabado este patrón, aunque no lo recuerde.

Es una asociación clara de mí subconsciente:

Perro - miedo

A día de hoy, y no me preguntes cómo ocurrió porque todavía no lo sé, tengo mi propio perrete, mi Shuki, y, a pesar de todo, me siguen dando bastante respeto.

Mi mente subconsciente asocia malas sensaciones al hecho de estar cerca de un animal, me hace huir y da por resuelto el problema.

Un ejemplo también muy claro toca al tema de la salud.

Aunque una persona desee tener buena salud, estar sana y saludable, puede tener grabado en el subconsciente: Me gusta que me cuiden, me mimen, que estén pendiente de mí, ser importante y solamente lo logro cuando estoy enfermo.

Estas conductas trabajan a nivel subconsciente, de modo que como no estés alerta no percibes lo que te está ocurriendo.

¿Me he explicado bien?

Mi creencia era de familia y la trataba de defender a toda costa, de ahí mi obsesión por esta relación.

Antes de seguir, piensa en situaciones de tu vida en las que tengas claro que el subconsciente te está manejando y escríbelas a continuación:

¿Qué podemos hacer?

Un trabajo de limpieza y LLENAR TU SUBCONSCIENTE CON LO QUE REALMENTE QUIERES.

El subconsciente es una parte de nuestra mente de la que no tenemos control voluntario. Hay que grabar el disco de nuevo con repetición, trabajo interno y técnicas específicas.

Hay muchas formas de limpiar y regrabar el subconsciente, en los volúmenes que seguirán a este libro me extenderé sobre cómo lo he ido haciendo yo y las formas más adecuadas.

¿QUÉ ES LA DEPENDENCIA EMOCIONAL?

"Quédate con un amor que te dé respuestas y no problemas. Seguridad y no temor. Confianza y no más dudas."

Paulo Coelho

Al comienzo de una relación, en la primera etapa, la línea que separa el amor de la dependencia emocional es muy fina y hay que estar alerta para detectarla cuanto antes.

Es increíble el empeño por mantener una relación que no te hace feliz, que te premia con continuos reproches. No te gusta cómo piensa, cómo actúa, no te da cariño y se muestra con desgana ante cualquier acontecimiento que vayáis a compartir, pero quieres conservar ese lazo con esa persona, no te permites perderlo.

Una pareja comparte muchos momentos: construir un hogar, vivir un embarazo, criar a los hijos y muchos otros proyectos vitales en común que van surgiendo.

¿QUÉ PUEDES ESPERAR si cuando estás embarazada y vas a tener un hijo con tu pareja, un hijo deseado, buscado, uno de los momentos más grandes que puedes compartir, no muestra ni la más mínima ilusión ni emoción?

¿QUÉ PUEDES ESPERAR si intentas comentar con él desde el movimiento del bebé todavía en la tripa a los primeros e ilusionantes patucos que le vas a comprar y él permanece impasible?

He visto un montón de parejas que se ponen ñoños y tontos cuando viven estos momentos. En mi caso, él no apartaba la vista del televisor y tenía que arrancarle prácticamente el brazo para que lo pusiera en mi vientre.

Este tipo de personas prefiere que le pidan cuanto menos mejor para darte menos y no pierde ocasión para demostrarte su falta de interés.

¡Cómo duele convivir con alguien así!

Hasta que un día empiezas a darte cuenta de todo a lo que has renunciado y renuncias a diario para defender a capa y espada una relación que no te lleva a ninguna parte.

"Hasta la mejor persona se cansa de mover montañas por quien no mueve por ella ni una piedra."

Anónimo

Te empiezas a dar cuenta de muchas cosas que haces o no haces:

Alejarte de tus amistades, de tu entorno y de las actividades que te gustan, porque esto supone separarte de tu pareja aunque sea por un breve periodo de tiempo.

Insistir en recuperar la cercanía en tu relación si notas que tu pareja no te hace caso o se distancia.

Seguir imaginando ese día mágico en el que se van a solucionar las cosas y vas a vivir la vida que has soñado con él.

Vivir en un sueño permanente que te impide ver la realidad.

Pensar que en el caso de que me deje, si vuelve, le aceptaré de nuevo, no importa que me haya despreciado o me haya tratado fatal. Esta vez es la definitiva.

Hacer como que no pasa nada, hacerte la ignorante para conseguir que te preste más atención.

Guardar mi dolor, lo bueno está por llegar.

Decirse YA NO PUEDE IR PEOR...

ROMPER LA DEPENDENCIA EMOCIONAL

> *"Depender de la persona que se ama es una manera de enterrarse en vida, un acto de auto mutilación psicológica donde el amor propio, el auto respeto y la esencia de uno mismo son ofrendados y regalados irracionalmente."*
>
> *Walter Riso*

Tengo dos noticias, una buena y otra menos buena.

La buena es que SE PUEDE SUPERAR.

La menos buena es que hay pasar a la

ACCIÓN

...y vencer el

SÍNDROME DE ABSTINENCIA

Evidentemente, como te comentaba al principio de esta parte del libro, tomar conciencia de lo que te está ocurriendo, ser consciente, es el primer paso y quizá el más importante, porque si no sabes lo que te está ocurriendo difícilmente le vas a poner remedio.

Desde luego es difícil alejarse de este tipo de relación, porque cuando eres completamente dependiente de tu *villano*, la sola idea de alejarte de él te produce una ansiedad y un terror que ni te lo planteas. Tu mente te hace trampas y te la juega recordándote la familia tan bonita que tienes. ¡No la puedes perder bajo ningún concepto!

Además de que sería una forma de reconocer que tu relación no funciona. ¡Y eso de ninguna manera!

Si ya eres consciente de la situación que estás viviendo, de todo lo que has sufrido, de todo el tiempo que has dejado de ser feliz porque vivías en la más absoluta angustia…

Este es el momento de tomar cartas en el asunto, reconocer tu dependencia emocional, tu obsesión amorosa que es irracional.

Empieza a hacer una relación de todas las *faenas*, sí, vamos a llamarlas así, que te ha hecho a lo largo de toda tu vida en común.

¿Te puedo pedir algo? No esperes 19 años.

En mi historia personal, de todas las veces que mi pareja se fue de casa la más dolorosa sin ninguna duda tuvo lugar, como habrás leído, cuando estaba embarazada de mi pequeño.

Todo mi embarazo en soledad y con la incertidumbre de no saber lo que iba a ocurrir. Llegaba el momento de inscribirle en la guardería y no sabía ni con qué apellidos lo iba a hacer. Acontecimientos tan deseados, bonitos y únicos en la vida y no poder disfrutarlos… Nuestros pensamientos son con frecuencia nuestros peores enemigos.

Seguramente estés pensando que hay muchas madres solteras que crían a sus hijos. Me quito el sombrero ante ellas. Cuando eres madre soltera ya sabes que ese niño lo vas a criar tú, durante el embarazo te vas mentalizando. Pero con un padre que un día está y otro no… ¿Cómo se maneja esa situación?

Me mantenía ocupada intentando resolver mi situación económica, especialmente. Estaba embarazada y lógicamente con menos opciones para buscarme la vida. Aquí aprendí una gran lección, que muy pronto te contaré: "No te preocupes, ocúpate".

Si tomas conciencia de todo lo que te has humillado, degradado y dejado hacer para no perder al otro.

CONSEGUIRÁS ROMPER ESTA DEPENDENCIA EMOCIONAL

Serás honesta contigo misma y verás que los buenos momentos compartidos los puedes contar con los dedos de las manos.

La manera definitiva de conseguir esto es trabajando en ti.

AUMENTA TU AUTOESTIMA, REFUERZA TUS HABILIDADES, UTILIZA TU ENERGÍA PARA LOGRAR TUS OBJETIVOS

Ten siempre objetivos y trabaja sobre ellos.

Conseguirás:

1. Cambiar tus pensamientos y no sufrir más por la situación.

2. Aprender y adquirir habilidades para dedicarte a tu pasión, lo que probablemente aporte soluciones a tus problemas económicos, que en la mayoría de los casos es un factor importante.

3. Mantenerte ocupada es lo más importante del mundo: trabajar sobre ti. La mejor inversión que puedes hacer.

Te darás cuenta de que:

1. Esta relación nunca ha funcionado, aunque en tu caso hayas tenido algunos buenos momentos.

2. Haciendo una relación de las cosas que no te gustan vas a coger impulso y recuperar tu autoestima y todo tu ser.

3. Acumulas experiencia para cuando venga proponiendo una reconciliación no caer en la tentación. Esta es la manera de tener todo presente.

Y sé por qué te lo digo: cuando venía como un corderito a retomar la relación, sólo podía pensar en mi sueño dorado de tener una familia a toda costa, en ese momento únicamente podía pensar en todo lo bueno que todavía podía pasar. Pensaba cosas que hoy me parecen ilusas como "por fin se ha dado cuenta", "ahora sí que vamos a ser felices", "vamos a ser la envidia de todas las parejas del mundo"…

No olvides el paso más importante de todos

PASA A LA ACCIÓN

Trabaja en ti, fórmate, aprende, crece, busca tu pasión, establece un objetivo sobre una actividad que te haga feliz.

En los momentos de debilidad piensa en todos los beneficios que obtendrás pasado el período de síndrome de abstinencia, o de duelo, como lo quieras llamar.

Las promesas realizadas en cada reconciliación no se cumplen, en cada abandono el castigo es peor.

Y no le subestimes. Cuando piensas que el castigo no puede ser peor, tengo que decirte que sí lo es, infinitamente peor.

Como te he dicho, la última vez que se fue de casa lo hizo con una nueva pareja, con la misma persona con la que se intercambiaba *whatsapp* cada noche sentado a mi lado en el sillón, a menos de un metro.

Si algo te hace daño, una persona así encontrará la manera para hacer las cosas de la peor forma, como te pueda doler más. Si hay una forma de hacer las cosas mal y que duelan, ellos eligen la peor.

Esta situación seguro que te habrá pasado factura.

TRABAJA EN TU AUTOESTIMA

Cuando llegue el momento del síndrome de abstinencia, estarás tan fuerte que evitarás volver a caer en la tentación.

Disfruta de tu soledad porque vas a pasar muy buenos momentos.

Y ante todo

ROMPE LA DEPENDENCIA EMOCIONAL

¿QUÉ ES A LO QUE LLAMO MI *VILLANO*?

"No existen diferentes tipos de maltratadores. Los maltratadores físicos son, simplemente, maltratadores *poco eficientes*. Los *buenos* maltratadores son los que maltratan tan bien que no necesitan pegar."

Miguel Lorente

Según la Real Academia de la Lengua:

<u>Villano</u>: Ruin, indigno o indecoroso.

Me gusta más la siguiente definición porque se ajusta a lo que yo he sentido día a día, minuto a minuto durante 19 años.

<u>Villano</u>: Que actúa o es capaz de actuar de forma ruin o cruel.

Nunca me había planteado la posibilidad de haber tenido en mi vida a un *villano*, hasta que tomé la decisión definitiva de escribir este libro.

Era consciente de que todo lo que estaba viviendo no era normal, que era dañino, pero no sabía el alcance, y por si fuera poco, lo que sentía era una suma de culpabilidad, duda, incertidumbre y malestar. No sabía en realidad qué estaba ocurriendo, ni mucho menos tenía claro qué había hecho para merecer esto.

Si mi vida entera la he dedicado a ser independiente económicamente hablando y nunca he querido nada de nadie, estos personajes, los *villanos*, son especialistas en lucrarse a costa de los demás y de qué manera.

Nunca van a dudar en utilizar todo su arsenal para destruirte, viven para hacer el mal. Son egoístas, carecen de empatía, su trato va encaminado a dejar tu autoestima por los suelos.

Siempre piensas que esto ocurre en las películas, a ti no. Ni te lo planteas. Los *villanos* se presentan en sociedad como personas admirables, extraordinarias, con una imagen pública que nada tiene que ver con su interior y que de paso deja la tuya a la altura más baja.

Las personas de tu entorno, incluso las más queridas, pierden la perspectiva y solamente ven sus cualidades. En estas situaciones necesitas más apoyo que nunca y es cuando más espaldas, en sentido metafórico, ves.

Cuando volví a perdonarlo y le abrí de nuevo las puertas de mi casa y de todo mi ser, no imaginaba las consecuencias de lo que estaba haciendo.

Este nuevo error supuso que, cuando terminó definitivamente la relación, casi se lleva con él hasta mi identidad. Me costó la misma vida desenmascararlo a ojos de mi entorno más cercano.

Me dejaba las deudas y se llevaba todo lo de valor material pero también personal, gente que había estado a mi lado durante sus abandonos y que ahora quedaba claro que no eran tan amigos. Se borraban de un plumazo todos esos momentos de soledad y mis esfuerzos por encontrar verdaderas amistades para mí y mis hijos.

Querida guerrera, el *villano* tiene una increíble capacidad de *majismo*, que es como llamo a la máscara que utilizan para mostrarse al exterior y con la que consiguen que el resto de personas te anule. Un *majismo* que es un clandestino arsenal de destrucción que arrasa tu autoestima y tu dignidad.

Juzga por ti misma.

La primera vez que se llevó a los niños de casa, según su

calendario de visitas, los invitó a cenar con su nueva pareja. Hacía 13 días que había salido de casa. Todo un período de adaptación para mis hijos, ¿no?

Uno de los primeros fines de semana que pasó con los niños ya lo hizo con los que hasta ahora eran mis amigos. A día de hoy sigo esperando poder tomarme un café con ellos. Desaparecieron de mi vida sin más.

Todas estas experiencias duelen pero, visto con la perspectiva del ahora, son las que te proporcionan el aprendizaje que necesitas y te dan la fortaleza para enfrentarte a los nuevos retos de la vida.

Da GRACIAS por todo lo vivido, sin estos retos no serías la GUERRERA DE CORAZÓN en la que te has convertido hoy.

Lo que no te mata te hace más fuerte

Querida guerrera, sé por lo que estás pasando ahora mismo, es un proceso duro asumir que la persona que más has querido en este mundo te haya hecho pasar por todo esto. Con la actitud adecuada sales airosa de todas estas situaciones.

NO ES FÁCIL PERO ES POSIBLE

Leí una vez la historia de un hombre que encontró el capullo de una mariposa. Vio como la oruga de una mariposa intentaba abrirse paso a través de una pequeña abertura en el capullo.

Estuvo observando cómo la mariposa se esforzaba en una lucha constante por salir al exterior.

El hombre que pensó que la mariposa estaba al borde de su resistencia, por intentar ayudar, agrandó la abertura para que pudiera salir sin dificultad. Es verdad que la mariposa salió fácilmente pero su cuerpo estaba hinchado y blanquecino y sus alas aplastadas.

Cuenta la historia que el hombre se quedó mirando, esperando que la mariposa desplegara sus alas y echara a volar.

Pero esto nunca ocurrió y su corta vida la pasó arrastrándose con su cuerpo débil y sus alas inútiles.

Este hombre, con su buena intención de ayudar y evitar el sufrimiento de la mariposa, no entendió que precisamente esa lucha y esfuerzo en salir por la abertura del capullo era la manera que la naturaleza había dispuesto para que el fluido del cuerpo llegara a sus alas y estuviera dispuesta a volar una vez liberada.

Querida guerrera, a ti te han brindado la ocasión de salir fortalecida. Extiende tus alas fuertes después de la presión y demuéstrale al mundo todo lo que eres capaz de hacer.

Enséñanos todos los recursos que has logrado después de esta batalla y cómo consigues aquello con lo que sueñas.

¿POR QUÉ ES MI VILLANO FAVORITO?

APRENDE A ENCONTRAR LAS VIRTUDES EN TODAS LAS DIFICULTADES A LAS QUE TE SOMETE TU *VILLANO* EN EL DÍA A DÍA

Paradójicamente, después de todo lo que he pasado, tengo mucho que agradecerle a mi villano.

Gracias a todo este camino espinoso, he crecido, aprendido y me he convertido en una persona fuerte capaz de enfrentarse a todos los obstáculos que me encuentro en el camino.

Hasta ahora no he tenido esta visión. Estaba absolutamente anclada en mi papel de víctima, así que aquí y ahora te pido directamente.

SAL URGENTE DEL PAPEL DE VÍCTIMA

Si sigues en el papel de víctima le das todo el poder sobre ti.

Hazte 100 % responsable y toma las riendas de tu vida.

RECUPERA TU PODER

Embarazada de quince semanas, con una niña de cuatro años y con la más precaria situación económica, como te he contado, aprendí otra gran lección:

HAY QUE OCUPARSE NO PREOCUPARSE

Hay que coger las riendas de la situación y con lo que tengas, más lo que consigas inventarte (¡y lo conseguirás!), lograr salir adelante.

"En los momentos de crisis, sólo la imaginación es más importante que el conocimiento."

Albert Einstein

Así pues, gracias, gracias, gracias, infinitas gracias, mi villano favorito porque has conseguido con tu maltrato continuado.

SACAR TODO MI POTENCIAL

¿QUIÉN ES TU *VILLANO*?  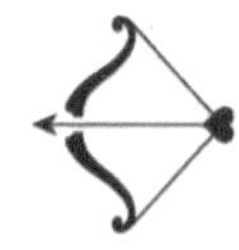

Después de leer y analizar detenidamente todo lo anterior, ahora me gustaría que describieras quién es *tu villano*.

Identifica sus señales y escribe todo lo que necesites en este mismo espacio en blanco. No esperes más.

RETRATO ROBOT DE UN *VILLANO*

EL TIPO DE TRATO QUE TA DA UN *VILLANO*
DESTRUYE TU AUTOESTIMA Y TE HUNDE
COMPLETAMENTE

MANTENIDO EN EL TIEMPO, NO SENTIRSE QUERIDO
Y RECIBIR SOLAMENTE SEÑALES DE INDIFERENCIA,
VACÍO, FRIALDAD Y DESPRECIO DEJA UNA HUELLA
DIFÍCIL DE BORRAR

Durante el tiempo que he compartido con *mi villano* he intentado entender continuamente su personalidad. Recuerdo decirme esto un montón de veces: "Esta personalidad no sabía que existía y me produce horror".

Ayúdame a desgranar cómo es la personalidad de un *villano*, cómo puede pasarte desapercibida tantos años, y a analizar su PLAN DE ACOSO Y DERRIBO.

1. Tiene un encanto superficial

La suya es una máscara estupenda que utiliza al principio para seducirte y que después mantiene a lo largo del tiempo. Encandila a todas las personas a tu alrededor y no hay forma de desenmascararlo. Cuanto más lo intentas, más proyectas una imagen distorsionada de ti misma.

Al cabo del tiempo me he dado cuenta de que solamente se le cae la máscara y queda al descubierto con las personas con las que tiene un contacto diario, con las que tiene que compartir muchos momentos. En este territorio le es difícil seguir siendo majo.

2. Estafador, manipulador, mentiroso patológico

Te va envolviendo en compras y gastos que ni pensabas. Temes su reacción, no le quieres perder bajo ningún concepto, dependes de él emocionalmente, así que cedes: compras y gastas más de lo debido, todo lo que quiere, hasta que al final te deja como decía mi padre: "Como un angelito, desnuda y descalza".

3. No siente remordimientos ni se arrepiente

Lo más llamativo es que no se arrepiente ni siente el menor remordimiento. Está acostumbrado a darle la vuelta a las situaciones.

4. No conocen el sentimiento de culpa

Si no son capaces de sentir remordimientos ni de arrepentirse de sus actos, ¡figúrate sentir culpa! Más bien se encarga de que quien se sienta culpable seas tú.

5. Llenan sus vacíos emocionales con cosas materiales

Como no experimenta verdaderos sentimientos, todos sus vacíos los llena con cosas materiales: tiene una imperiosa necesidad de comprarse cosas; *mi villano* sentía una especial debilidad por la tecnología.

6. No conoce la empatía

Lógicamente, sólo se importan ellos mismos, sus necesidades, sus caprichos, sus ideas. No existe nadie más.

7. Le falta la amígdala emocional

Mi impresión personal es que les extirpan la amígdala, la glándula del cerebro que regula las emociones al nacer.

La amígdala es una estructura en forma de almendra en el cerebro y forma como una especie de depósito de la memoria emocional.

Nuestras amígdalas son esenciales por su capacidad de sentir ciertas emociones y de percibir las de otras personas.

Nos enseñan a medir el aprendizaje según los éxitos académicos pero las personas tenemos un conjunto de habilidades (inteligencia emocional) como el autocontrol, la perseverancia, la empatía, la motivación… que constituyen un vínculo importante entre los sentimientos, el carácter y los impulsos morales. A todas estas capacidades no les damos importancia al menos académicamente, no las enseñamos en los colegios, cuántos *villanos* nos ahorraríamos si la inteligencia emocional fuera una asignatura.

El ser humano posee dos mentes: una que piensa (racional) y otra que siente (emocional) controlada por la amígdala, ambas trabajan juntas y es necesario trabajar las dos y desarrollar las dos educándolas.

¿En qué se traduce esto? La amígdala puede ser fácilmente excitable y si no se desarrollan los caminos neuronales entre ella y el córtex, lo que permite a la parte pensante de nuestro cerebro ayudar a la parte emocional para calmarse, tenemos un grave problema de conducta emocional.

La amígdala, por tanto, asume el control "secuestrando" el cerebro.

La amígdala es una de las regiones del cerebro que desempeña un papel fundamental en los fenómenos emocionales.

Daniel Goleman relata en *Inteligencia* emocional el caso de un joven cuya amígdala se extirpó quirúrgicamente para evitar que sufriera ataques graves, perdió todo interés por las personas y prefería sentarse a solas, ajeno a todo contacto humano. Seguía siendo perfectamente capaz de mantener una conversación, pero ya no podía reconocer a sus amigos íntimos, a sus parientes ni siquiera a su misma madre, y permanecía completamente impasible ante la angustia que les producía su indiferencia. La ausencia funcional de la amígdala parecía impedirle todo reconocimiento de los sentimientos y todo sentimiento sobre sus propios sentimientos.

Si os interesa desarrollar más esta parte neurológica os recomiendo esta obra de Goleman, que supuso una gran revelación en este ámbito.

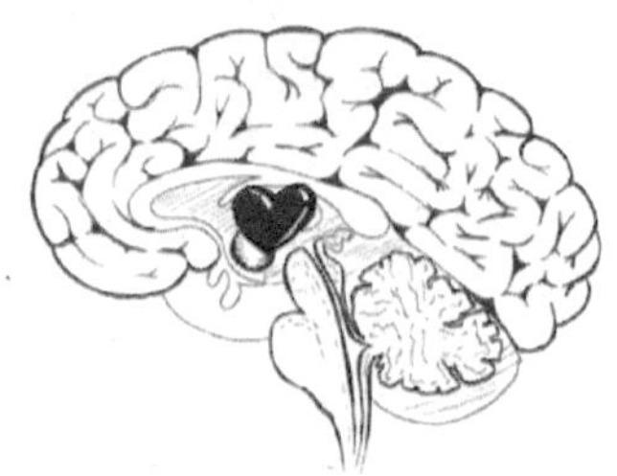

8. Es egoísta

Vive por y para sí mismo. Como se suele decir, no da puntada sin hilo: todo lo que dice o hace suele tener doble intención, un plan previo y algún objetivo oculto que le resulta beneficioso.

9. Es cruel e insensible

Pueden causar el mayor dolor en cualquier pequeña cosa.

10. Se muestra incapaz de aceptar la responsabilidad de sus actos

Auténtico especialista en dar la vuelta a las situaciones, evadir la responsabilidad y que acabe pareciendo tuya.

11. Tiene un bajo nivel de autoestima

Y lo quiere aumentar a costa de la persona que tiene a su lado.

12. Su comportamiento hacia ti se caracteriza por una gran variedad de amenazas

Amenaza con marcharse, con dejarte sola cuando menos te lo esperas, en un acto social, por ejemplo. Además, te prodiga malos gestos, malas caras, te regala su vacío, durante días, semanas y meses enteros de indiferencia en los que apenas te dirige la palabra.

13. Tiene cambios bruscos en su estado de ánimo

De una manera más que fácil, en cuestión de segundos. Siempre te culpa de todo lo que va mal.

14. No sabe encajar las críticas

Se siente ofendido con facilidad.

15. Finalmente, se hace pasar por la víctima

Te da a entender que le agobias y asfixias, que no dispone de su espacio.

¿EXISTEN EN LA VIDA REAL?

"Uno puede curar las heridas con relativa rapidez, pero psicológicamente puede ser más difícil."

Doctor Denis Mukwege

Querida guerrera, hasta que no lo vives te parece que estos *villanos* sólo existen en las películas. Te dices que esto bajo ningún concepto te puede ocurrir a ti, te consideras una buena persona que nunca le has hecho daño a nadie, pero de pronto aparecen en tu camino.

Están por todos lados y es muy posible que a lo largo de tu vida te cruces con ellos. Son parte de esta sociedad.

Es sencillo caer en sus garras por la fantástica impresión inicial que producen. Pasan desapercibidos en vidas aparentemente tranquilas pero detrás de esa máscara se esconde un ser perverso y malvado, sin conciencia, manipulador, implacable con su víctima.

Según los expertos, existen ciertas estimaciones que afirman que el 1% de la población son *villanos*. En España hay más de un millón de *villanos* propiamente dichos y entre cuatro y cinco millones de *villanos* integrados en la sociedad con vidas aparentemente normales.

A diferencia de lo que solemos creer, un *villano* no es necesariamente un Hannibal Lecter. *Villano* viene a ser un individuo con un trastorno importante de personalidad de efectos antisociales. Están en la vida real y en todas las profesiones. Están integrados porque no se salen de la ley y pasan desapercibidos en sus vidas aparentemente normales.

A partir de ahora nunca sufras por amor, hay personas en todo el mundo deseando disfrutar de tu compañía. Sólo tienes que valorarte y creer en ti.

LO QUE DICEN LOS EXPERTOS SOBRE LA PERSONALIDAD DE LOS *VILLANOS*

"No permitas el maltrato psicológico ni físico, quien realmente te ama solo quiere lo mejor para ti."

Eduardo Alighieri

Todo blanco o negro

No existe la gama de colores para ellos ni siquiera el gris. Tienen un pensamiento rígido que dificulta la relación con ellos.

Son intolerantes

No respetan otras opiniones y formas de pensar y actuar. Suelen reaccionar de la peor manera cuando algo no se corresponde con sus expectativas.

Autoritarios

Su manera de pensar y de hacer las cosas es la correcta debes seguir su pauta. Estas personas no están abiertas al diálogo porque sólo existe una opción: la suya.

Son encantadores, al principio y con los demás

Es difícil descubrirlos porque al principio son ideales y se muestran encantadores con los demás.

Especialistas en manipulación emocional

Recurren al chantaje emocional para manipular a sus víctimas y lograr lo que desean. Pueden utilizar todo tipo de argucias para presentarse después como salvadores y que caigas en sus redes.

Son muy críticos pero muy poco autocríticos

Debido a su personalidad rígida, no asumen bien las críticas, las perciben como un ataque personal y reaccionan defendiéndose.

"Y ahora que pensaba que había conseguido pasar página, vuelves a pasar por mi lado, así no hay manera de olvidar mi obsesión por ti."

Anónimo

Toma nota de estas RECOMENDACIONES sintetizadas para ti a partir de la opinión de los expertos:

— No intentes que cambien, no tienen cura y utilizan las terapias para aprender nuevas técnicas con las que destruir a sus víctimas. Si tienes un *villano* en tu vida, sal corriendo.

— Contacto cero. No tengas ningún tipo de contacto con él, ni por *e-mail*, ni por *watshapp*, no visites sus redes, no acudas a sitios donde te lo puedas encontrar. Nada da nada, cualquier tipo de contacto significa remover la herida y sufrir innecesariamente. Recuerda que aprovechan cualquier ocasión para hacer el mayor daño posible.

Querida guerrera, en este punto ya se lo que estás pensando y he preparado otro apartado en este libro, ¿Qué hacer cuando te sales del molde?, donde seguro que vas a encontrar respuestas a las preguntas que te surgen ahora.

SU PROGRAMA DE ACOSO Y DERRIBO

> "No sabes lo fuerte que eres hasta que ser fuerte
> es tu única opción."
>
> *Anónimo*

Ha llegado el momento, te presento en estas líneas lo que llamo su *Programa de Acoso y Derribo*.

1. Indiferencia y vacío

No hay nada más doloroso en cualquier tipo de relación. Que te traten con indiferencia, hacerte sentir que no existes, que eres invisible, que nada de lo que haces, dices o te ocurre importa. Puede ocurrir que si te pasa algo desagradable incluso se alegre.

2. Desprecio

Falta de aprecio y cariño siempre. Nunca te muestra que le interese nada de lo que haces y te habla peor que a su enemigo. Un *villano* es frío como un témpano.

3. No valorarte

Como te he ido contando a lo largo de estas páginas, siempre he sido una mujer con inquietudes, polifacética. He querido superarme, aprender siempre con humildad y siempre de quien sabe. Jamás *mi villano* ha demostrado entusiasmo y ha valorado lo más mínimo nada de lo que he hecho.

4. Hacerte de menos y humillarte

En público siempre se encarga de valorar cualquier cosa insignificante de otra persona y de hacer comparaciones denigrantes, como si fuera algo gracioso, para rebajarte.

5. Dejarte sola en situaciones comprometidas

La mayor parte del tiempo está enfadado y cuando no lo está es aún peor porque maquina algo malo. Si hay previsto algún acontecimiento, evento familiar o de ocio, es el momento ideal para dejarte sola y que des la cara. Es muy desagradable dar explicaciones continuas de su ausencia pero es una forma de dejar claro delante de todo el mundo que no eres importante para él.

6. Abandonarte

Como has leído ya, son dados a irse sin mirar atrás y ahí te quedas a solas con todas las responsabilidades, pagos, niños y todas las circunstancias. Te haces experta en hacer malabares. En mi caso sólo fueron cuatro veces.

7. Castigarte

Continuamente y sin saber por dónde te viene y qué ha pasado ahora, te castiga con su indiferencia de manera cruel sin importarle en qué estado o situación te encuentres.

8. Arruinarte

Como no aceptan que les contradigas en nada, porque para ellos no existe el gris ni la gama de colores, es todo o blanco o negro, te van metiendo en gastos, hipotecas y deudas innecesarias para satisfacer sus caprichos básicamente porque llenan su vacío emocional con cosas materiales. Eso sí, se encargan de que te ocupes luego de pagar sus caprichos.

9. Gastarse lo que te ha quitado

Cuando te quieres dar cuenta has caído en su trampa. Con el dinero conseguido a través de sus manipulaciones, que para ti supone con frecuencia otro crédito, se soluciona su vida. Y ahora viene lo mejor. Ver cómo se gasta el dinero fruto del esfuerzo de tu vida. Son los magos del engaño.

10. Permitirse lujos

Además de otros lujos, se permite el de escatimar a tus hijos. Todo para él. A los niños lo justo.

11. Seguir maquinando de por vida cómo hacer daño

Si ya no estáis juntos, da igual, a través de los niños se encarga de seguir haciendo todo lo que está en su mano para hundirte. Trabajar en tu autoestima y en tu interior es lo que puedes y debes hacer para contrarrestarlo.

¿CÓMO ME HA PODIDO OCURRIR A MÍ?

Uno tiende a pensar que las cosas siempre le ocurren a los demás, especialmente a las personas frágiles.

Me sentía una mujer dura y resolutiva. Me decía que las mujeres que sufren cualquier tipo de maltrato no eran como yo:

ELLAS son dependientes. YO soy autosuficiente, activa, enérgica.

ELLAS tienen una baja autoestima y YO no sentía para nada que fuera mi caso.

ELLAS se sienten culpables por haber sido agredidas. YO, a pesar de que era víctima de la indiferencia y el desprecio no me reconocía en eso.

ELLAS sienten temor y YO pensaba que era valiente hasta que empecé a tener una sensación constante de incertidumbre e inseguridad, de miedo, de no saber cómo será el día siguiente, y a paralizarme ante las decisiones, especialmente las económicas.

ELLAS se sienten incapaces de resolver su situación y YO no veía mi propia dependencia.

ELLAS temen el final de la relación y YO, obsesionada por mantener mi familia, no era consciente de mi estrés continuo y mi ansiedad.

ELLAS se sienten fracasadas como mujeres, esposas y madres.

ELLAS no controlan en absoluto su vida.

ELLAS se sienten incapaces de resolver su situación y les parece que nadie puede ayudarlas.

ELLAS se sienten responsables por la conducta de su agresor.

ELLAS se aíslan socialmente.

ELLAS aceptan el mito de la superioridad masculina.

ELLAS temen al estigma del divorcio

YO ERA ELLAS

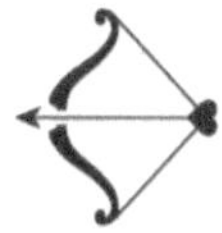

CÓMO RECUPERARTE Y RECONSTRUIR TU INTERIOR

"Si a un huevo lo rompe una fuerza externa se acaba la vida. Si en cambio lo rompe una fuerza interna, la vida comienza. Cambia desde tu interior."

Alejandro Jodorowsky

Las cuentas no cuadran.

Yo tenía carácter y personalidad, era independiente y autosuficiente, no dependía de nadie económicamente. Yo misma aporté todo lo material a nuestro hogar y él solamente cargas económicas y familiares.

Se ha ido con los bolsillos llenos.

¿CÓMO HA PODIDO SER?

Mi cerrazón al pensar que tenía que funcionar a toda costa, mis más íntimas creencias que te mueven a actuar por inercia…

¿Y AHORA QUÉ? ¿CÓMO SALES DE ESTA?

Aunque en el *Segundo Flechazo* de este libro voy a extenderme sobre todas las estrategias que utilicé, aquí te comento algunas cosas importantes.

1. Perdónate por tus errores

Ya eres consciente de todo lo ocurrido, sabes que lo podrías haber evitado, haber hecho muchas cosas mejor. Eso ya no tiene vuelta atrás, ahora lo inteligente es aprender de los errores cometidos y ser consciente de que tienes todo el derecho del mundo a cometerlos. Tómalo como es: experiencias que necesitas vivir para pasar al siguiente nivel.

Si no consigues superar la culpa, el victimismo, la rabia, la decepción o el sentimiento que tengas, te vas a quedar dándole vueltas al molinillo.

LA PIEDRA

El distraído tropezó con ella.

El violento la utilizó como proyectil.

El emprendedor construyó con ella.

El campesino cansado la utilizó como asiento.

Para los niños fue un juguete.

David mató a Goliat y

Miguel Ángel le sacó la más bella escultura.

En todos los casos,

la diferencia no estuvo en la piedra,

sino en el hombre.

No existe piedra en tu camino que no puedas

aprovechar para tu propio crecimiento.

Anónimo

¿Tienes claro cómo vas a utilizar tu *piedra*?

Sigamos.

2. Aprende a valorarte

"No sirvo para nada", "todo lo hago mal" "ojalá me pareciera a...", "nunca voy a aprender a...". ¿Te suena?

Por qué no utilizar mejor declaraciones positivas tipo: "tengo muchas habilidades", "aprendo rápido", "soy capaz de hacer cualquier cosa que me proponga".

Ya sé, *querida guerrera*, que estarás pensando que después de la situación que has vivido es difícil, pero toma la decisión de mejorar, aprende a valorarte y, si es necesario, miéntete sobre estas cosas hasta que sean verdad para ti.

Elimina de tus hábitos el criticarte continuamente. Vales más de lo que piensas, tienes un potencial infinito, quiérete, háblate con cariño y sobre todo confía en ti. Puedes hacer y conseguir todo lo que te propongas en la vida. Sólo tienes que tomar la firme decisión de hacerlo y de ir a por ello con toda la energía puesta en tu objetivo.

Ahora vas a trabajar firmemente en ti, escribe unas líneas para ti, dedica un tiempo de calidad para ti, háblate como nunca, trátate con todo el amor del mundo.

Para recibir amor tienes que ser la primera en quererte. Para recibir todo lo que quieres tienes que ser la primera en valorarte.

CARTA DE AMOR PARA TI

Aquí me viene a la mente la lógica japonesa que dice:

> Si alguien puede hacerlo, significa que yo
> también puedo hacerlo.
>
> Si nadie puede hacerlo, significa que puedo ser el primero.

3. Empieza a superarte

Seguro que tienes una lista interminable de capacidades y habilidades en las que ni piensas. Si es necesario, acude a personas de tu entorno más cercano y que te ayuden a hacer tu lista.

Seguro que tienes un montón de destrezas, aptitudes y talentos para realizar ciertas cosas que otras personas no tienen. Piénsalo.

RELACIÓN DE HABILIDADES

____

____

____

____

____

____

____

> **"Elige un trabajo que te guste y no tendrás que trabajar ni un solo día de tu vida."**
>
> **Confucio**

Es muy importante encontrar tu pasión, tu propósito de vida, desarrollar tus cualidades para ayudar a los demás. Con tus habilidades puestas en claro, con tus cualidades proyectadas, vas a trabajar de una manera muy gratificante en tu crecimiento y conseguirás una gran satisfacción y el éxito personal.

4. Motívate

> **"El fracaso es una gran oportunidad para empezar otra vez con más inteligencia."**
>
> *Henry Ford*

Es imprescindible que te mantengas motivada constantemente, así te será fácil ser perseverante para lograr tu objetivo.

Rodéate de personas que estén en la misma onda, personas que quieran pasar de los desafíos a los logros y al éxito.

5. Confía plenamente en ti

> **"He fallado más de 9.000 tiros en mi carrera. He perdido casi 300 partidos. 26 veces han confiado en mí para hacer el tiro que ganaba un partido y lo he fallado. He fracasado una y otra vez en mi vida y eso es por lo que tengo éxito."**
>
> *Michael Jordan*

Querida guerrera, sé que en esta fase de tu vida confiar en ti plenamente es algo que cuesta mucho, porque lo he vivido en primera persona. Todas las experiencias vividas, acumuladas, pasan factura y lo tengo muy presente. Empieza tu nueva vida desde ya y verás que esa misma inercia te ayudará.

Igual que cuando haces una pequeña bola de nieve y la echas a rodar, ésta crece por momentos y a veces de manera espectacular. Tú puedes empezar a rodar y ver cómo creces y de una manera que ¡ni te lo imaginas!

No puedes hacer nada por cambiar el pasado pero si puedes comenzar una nueva vida cargada de confianza y nuevos retos.

Una buena forma de empezar es irte poniendo pequeños retos que una vez superados puedas celebrar como lo que son, un verdadero éxito. Irás ganando confianza y seguridad en ti misma.

A media que vayas logrando cumplir metas podrás ponerte otras con mayor dificultad.

HAZ TU PRIMERA RELACIÓN DE PEQUEÑOS RETOS

Querida guerrera, recuerda que tienes un potencial infinito. Una vez que has superado tu obstáculo, tu particular *villano*, es momento de dejar las lamentaciones por tu mala suerte.

Es momento de ponerte manos a la obra, con la actitud apropiada, con trabajo continuo y centrar tu interés en tu superación personal.

Eres capaz de crear todo lo que quieres, de la misma manera que alguien es capaz de crear una fabulosa receta partiendo de unos ingredientes que por separado no son nada. Eres capaz de crear la vida que sueñas con todas las habilidades y recursos que tienes que reconocer en ti.

CONFÍA EN TODAS TUS CAPACIDADES
CONVIÉRTETE EN QUIEN HAS VENIDO A SER

CONTRATO

GUERRERA DE CORAZÓN

Yo, ...
desde hoy y en adelante tomo las riendas de mi vida, con dedicación completa a mi cuidado, bienestar y felicidad absoluta y me comprometo a:

1. Respetarme, cuidarme, valorarme y tratarme como me merezco, además de relacionarme exclusivamente con personas que me dispensen el mismo trato.

2. Establecer relaciones de pareja basadas en el amor, el respeto, la valoración mutua, la comunicación y, también, el disfrute.

3. Dedicarme a mi cuidado a nivel físico, mental, emocional, aprendiendo y creciendo continuamente.

4. Disfrutar mi nueva vida con intensidad, dedicada a ser mi mejor yo para atraer a las personas que quiero tener a mi lado.

5. Estar atenta para no volver a vivir ninguna relación dañina y apartarlas completamente de mi camino.

6. No aguantar faltas de respeto, ni la desvaloración.

7. No vivir más situaciones de vacío, ni indiferencia.

8. Utilizar toda mi energía en mis proyectos personales y en los que sirvan de ayuda a los demás.

9. Disfrutar de cada minuto de mi vida.

10. Aprender, formarme, crecer y trabajar sobre estos valores:

Lealtad	Sinceridad	Empatía
Autoestima	Respeto	Perdón
Justicia	Confianza	Felicidad
Compromiso	Amor	Humildad

En………………...…..a…….de……………de 20…….

Firmado

¿QUÉ HACER CUANDO TE SALES
DEL MOLDE?

Como os he contado, siempre he ido en dirección contraria, siempre me he salido del molde y la verdad que he sentido a menudo que no encajaba en mi entorno. Quizá esto me ha dado una buena perspectiva sobre:

QUÉ HACER ANTE UNA SITUACIÓN
COMPLETAMENTE NUEVA

Como te prometí páginas atrás, te voy a dar una serie de RECOMENDACIONES, que parten de la opinión consensuada de los expertos, y a los que añado mi experiencia personal para ayudarte a reflexionar sobre:

TU NUEVA ETAPA LIBRE DE TU *VILLANO*

1. No tienen cura, no intentes que cambien

En este punto, si has superado la dependencia emocional y ya eres consciente de que has compartido tu vida con un *villano*, estos intentos ya pertenecen al pasado. Si no es así, grábate esto en tu cabeza.

2. Sal corriendo de tu vida con un *villano*

Mentalízate: "ya no está en tu vida". Apártalo, empieza de nuevo. Crea la vida que siempre has querido tener. Si lo puedes pensar, lo puedes hacer. Una vida llena de premios te está esperando, prepárate para recogerlos.

3. Contacto cero

En el caso de una ruptura normal ya es complicado mantener este contacto cero, pero esto también significa un mayor reto. ¿Te atreves?

Voy a ir contándote con detalle lo que hice y que me sirvió para conseguir este contacto cero, que en mi caso era una zona de seguridad. *Querida guerrera*, lo hago con toda mi alma para que te sirva y te resulte más fácil conseguirlo de lo que me resultó a mí.

Depende de tu caso particular:

1. Quizá compartas techo, de manera temporal o a largo plazo por las circunstancias, ni que decir tiene que esta situación la tienes que solucionar cuanto antes por tu salud mental. Búscate la manera y ¡HAZLO!

En mi caso, como has leído, por necesidades económicas tuve que pedirle alargar la separación tres meses. Tres meses en esta situación se hacen terriblemente largos. Por lo que me dediqué a estar "alquilada emocionalmente".

Te explico lo que quiero decir: aunque estaba presente físicamente, mentalmente me dedicaba a buscar soluciones y alternativas para superar mi situación económica.

Todas las noches, mientras él chateaba con su nueva pareja, me dedicaba a encontrar la manera de lograr unos ingresos extra, siempre con la premisa de dedicarme a mi pasión. He de reconocer que también he tenido otros trabajos más alimenticios para salir de un apuro, pero mi energía la volcaba en mi formación y mi pasión y éste es un norte que me hizo mucho bien.

¿Qué conseguía con esto? Distraer mi mente de la situación tan desagradable y dolorosa que estaba viviendo y, más prácticamente, evitar mi propia ruina. Mataba dos pájaros de un tiro.

2. Quizá tengas hijos en común

En este delicado punto, se hace mucho más difícil seguir las recomendaciones de los expertos, ya que tienes que mantener un mínimo contacto con el otro. La cita de los niños con su padre a través de terceros o de un punto de encuentro me parecía muy duro para ellos, así que me fui inventando mis propias soluciones.

Al principio cuando dejaba a los niños en el portal de mi casa para que él los recogiera, salía de espaldas y besaba a mis hijos lejos de su mirada. Era una forma quizá infantil de protegerme pero ¡qué alivio! Una vez que mi hija ha alcanzado la edad y la madurez suficiente bajan solos desde casa al encuentro.

En cuanto a los modos de comunicación, utilizamos *whatsapp* para lo rápido y del momento, como concretar horas de recogida.

El *e-mail* lo utilizamos para temas de mayor importancia relacionados con la educación, la salud y demás asuntos que tienen que ver con el bienestar de los niños.

NO HE VUELTO JAMÁS A HABLAR CON ÉL, NO RECONOCERÍA NI SU VOZ.

No he vuelto a ver ninguna de sus redes sociales, que hoy en día te alcanzan sin querer. No me interesa saber nada de él. ¡Para qué!

Sin quererlo, he tenido que ver publicadas en las redes sociales de terceras personas cosas que no me apetecía ver, y algunas me han hecho mucho daño. Es difícil "bloquear" en el sentido literal del término a personas que siguen en tu vida pero algunas de ellas me lo pusieron muy fácil porque se ocuparon de sacarme de la suya.

Esto sí que siempre ha sido una norma para mí: jamás impongo mi compañía. Puede que me duela que alguien quiera que no esté en su vida, pero lo respeto completamente.

Querida guerrera, el camino no es fácil, pero es posible. Cuando atraviesas la oscuridad, vuelves a ver el sol y todo vuelve a ser de color otra vez, te das cuenta de todos los logros que ha supuesto el camino tormentoso.

TIENES QUE VIVIR EXPERIENCIAS PARA PODER ENFRENTARTE A RETOS NUEVOS

FORMA PARTE DE TU CRECIMIENTO

3. Quizá seáis compañeros de trabajo.

Hasta su tercer abandono, trabajábamos juntos en las mismas instalaciones. Desde ese momento estamos en instalaciones diferentes con distinta ubicación, es decir, sólo compartimos jefes. Adoro a mis jefes y son un gran apoyo en mi vida, pero el hecho de que las celebraciones de empresa se hagan con el conjunto de las plantillas me obliga a verlo en estas ocasiones.

Me viene a la memoria un tiempo en el que mis hijos pequeños y yo misma no éramos capaces de deshacernos de los fastidiosos piojos ni con metralleta.

Un día en el que acudí a la farmacia en busca de la solución definitiva, salí de allí con un aparato a pilas que se supone que los fríe y con una anécdota que me viene al pelo. A mis objeciones a las virtudes de cada producto, la farmacéutica al final me dijo: "Le echamos tantas cosas a los productos para que cada vez sean más potentes que lo que hemos conseguido es que los piojos cada vez se vuelvan más fuertes también".

¡Qué pequeña gran lección doméstica!

Eso hace la vida con nosotros, cada vez nos presenta más dificultades ante las que tenemos que ir creciendo. De esta manera nos podemos enfrentar al siguiente reto y así sucesivamente.

Echa la vista atrás y piensa en la mujer que eres hoy y piensa en ti misma simplemente hace un par de años. ¿Aquella persona se podría enfrentar a las situaciones que tienes actualmente en tu vida?

Seguramente no, ahora cuentas con ese recorrido.

Piensa ahora sólo en situaciones de hace unos meses, seguramente que pasa lo mismo.

TU *VILLANO* ES TU MAESTRO

"El rencor es como tomar veneno y esperar que mate a tus enemigos."

Nelson Mandela

Tienes que sacar la parte buena, ¡la hay!, de todas las situaciones difíciles a las que te ha sometido tu *villano*, de todos esos momentos de pasarlo mal, de sufrir tanto, de eso tan doloroso.

Sí, has sufrido mucho y sé lo que estás pensando: no me he vuelto loca, estoy más cuerda que nunca.

La vida y tu relación con él te han preparado para ser quien eres hoy en día. Sin él no hubieras crecido tanto.

Perdónalo, déjalo marchar y dale las gracias. No estás sola, en este libro te doy recursos para lograrlo.

Mírale con otros ojos, hazte *amiga de tu villano*. Sal de una vez por todas y para siempre del papel de víctima.

Hay un ejercicio que usamos en Risoterapia (en la última entrega de esta trilogía hablaremos más sobre esta técnica) que es ponerle una cara simpática. Imagínate a tu *villano* con esa cara, como si fuera un emoticono. Este simple ejercicio te hace verlo de otra manera y es una forma fácil de empezar a eliminar el rencor.

A lo largo de este libro un monigote representa a mi *villano*. Te dejo un espacio para que dibujes el tuyo, no sigas leyendo sin hacerlo, hazte ese favor.

También puedes hacer una lista de todas las cosas que has aprendido, de toda la experiencia y habilidades adquiridas tras esta dura situación y que te vienen de perlas para vivir tu nueva vida, que te van a permitir realizar todos los proyectos que vas a emprender. Verás que, si lo piensas bien, te han servido para salir muy fortalecida. Empieza ahora mismo a elaborarla, ya verás.

LISTA DE APRENDIZAJES

¿La guerrera de antes era capaz de enfrentar estos retos?

TU *VILLANO* ES TU MAESTRO

Aprende todas las lecciones que ha venido a enseñarte, no ha estado en tu vida por casualidad.

YO ME DIJE

Voy a utilizar todos los obstáculos que me ha puesto en el camino para impulsarme, voy a sacar mi *don* de una vez por todas, dejar salir de nuevo mi fuerza y coraje.

Mi experiencia y lo que ahora sé puede ayudar a muchas mujeres en mi situación. *Necesitaba* vivir esto para que les sirva.

Hacer lo que me gusta es una herramienta que me sirve para ayudar a los demás.

RECARGA TU BATERÍA EMOCIONAL

"Cuando eres entusiasta sobre lo que haces, sientes energía positiva."

Paulo Coelho

A partir de ahora encontrarás en este libro una serie de *MINIFLECHAZOS O TABLAS DE SALVACIÓN* que me permitieron salir del hoyo donde me encontraba.

Lo más curioso es que he usado esas estrategias de manera inconsciente. En este momento en que las comparto contigo se vuelven conscientes.

Gracias a todo esto que estás a punto de descubrir, conseguía distraer mi mente, me evadía de mi propia situación y trabajaba para avanzar en mi objetivo: utilizar mi *don* para dedicarme a mi pasión, ayudar a las mujeres con mi mensaje a salir de una relación dañina y que consigan sus propósitos, dar el paso:

DE LA OBSESIÓN AMOROSA A LA OBSESIÓN POR TU PASIÓN

La batería del móvil o, peor, la del coche no son las únicas que se agotan. Hay baterías más importantes, son emocionales y pueden sufrir mucho en una relación dañina de pareja.

Cuando un coche se queda sin batería, sabes que es necesario arrancarlo de un empujón. Para este primer empujón no cuentas con la ayuda de la máquina, no siempre tienes la suerte de contar tampoco con una pendiente a tu favor, quizá incluso necesites a alguien que te ayuda a dar ese empujón.

Arrancas el motor, lo pones en punto muerto, quitas el freno de mano y empujas. Es necesaria una velocidad de al menos unos 10 km/h antes de pisar el embrague y meter la segunda marcha. Cuando sueltes el embrague con normalidad, la inercia hará que el motor se ponga en movimiento. La batería irá cogiendo algo de carga durante la marcha, de modo que hay que evitar paradas innecesarias. Cuanto más circulas, más se carga la batería.

¿Sabes adónde quiero llegar?

Lo mismo en tu vida. Estos *Miniflechazos* te van a dar el empujón que necesitas pero tienes que mantenerte en movimiento hasta que la inercia misma haga que circules por ti misma. Es tu decisión.

Y si encuentras una persona que te ayude a empujar lo conseguirás más rápido.

Estoy impaciente por compartir todo y no sabes lo que daría por ver tu cara ahora.

SEGUNDO FLECHAZO

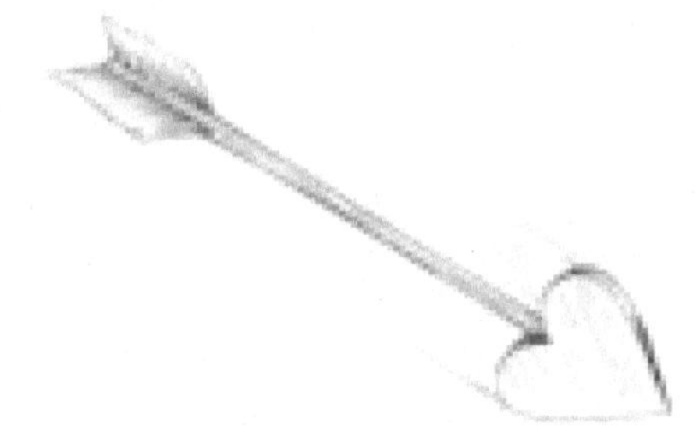

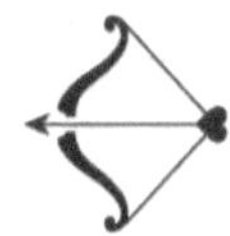

TRANSFORMACIÓN, DALE LA VUELTA
A LA SITUACIÓN

En esta parte quiero compartir contigo mis tablas de salvación, cómo podía vivir y no morir en el intento con el plan de vida o no vida que tenía.

Son 14 *Miniflechazos*, estrategias que si integras en tus hábitos te van a cambiar la vida.

"La transformación es la verdadera naturaleza del Universo. Trata de observar el mundo desde un gran número de perspectivas."

Alejandro Jodorowsky

ORACIÓN DE LA GUERRERA DE CORAZÓN

ERES ÚNICA

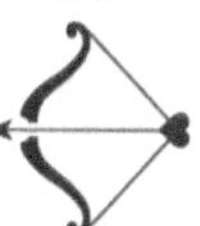

A partir de este momento te vas a hablar todos los días para convertirte en la persona que has venido a ser. Repite esto varias veces al día.

Soy Guerrera de Corazón.

Consigo todo lo que me propongo.

Mis obstáculos son lanzaderas hacia mis sueños.

Me voy a dar el mejor trato del mundo.

Todo el mundo me trata como me merezco.

Toda mi energía la voy a invertir para trabajar en mi interior.

Voy a ser mi mejor yo.

Atraeré a mi lado a las personas que quiero tener.

Nunca, nunca voy a permitir que me hagan sentir inferior.

Soy capaz de conseguir todos mis propósitos.

Porque yo SOY UNA GUERRERA DE CORAZÓN.

VISUALIZACIÓN GUERRERA DE CORAZÓN

PREPARACIÓN

Vas a pensar en tu propósito. Visualizar tu sueño te va ayudar a que lo puedas alcanzar.

Busca un lugar tranquilo, siéntate cómodamente, pon luz suave y, si quieres, incienso. Ten el equipo de audio cerca de ti. Te recomiendo que grabes este texto con tu voz y con una música de fondo que te guste para escucharlo después cuantas veces quieras.

ESTÁS PREPARADA

Vamos a empezar.

Lo primero, cierra los ojos y entra en estado de relajación. Céntrate en tu respiración, siendo consciente de por qué partes de tu cuerpo pasa el aire y qué partes se mueven. Inhala y exhala aire centrándote en todos los movimientos que se producen. Con un par de minutos es suficiente.

Una vez en estado de relajación, vas a ir imaginando que a través de tu cabeza, desde la parte superior, te empieza a entrar una poderosa LUZ BLANCA. Esta luz va descendiendo por todo tu cuerpo y te va iluminando como si fueras una bombilla. Cuando llegas a los dedos de las manos y de los pies, de cada uno de ellos salen como unos rayos de luz al exterior. Siente la relajación y la limpieza interna que se produce en tu cuerpo con la salida de esta luz.

Imagina que tu frente es una pantalla de televisión donde se van a proyectar todas las imágenes que vas a visualizar.

AHORA VAS A DESPEDIR A TU *VILLANO*

Imagina a tu *villano*, introdúcelo en una burbuja de color morado, en señal de paz y perdón, míralo fijamente, despídete de él, dile lo que te nazca en este momento pero desde el amor. Ahora lo vas a lanzar hacia las nubes y, como si de un globo se tratara, va a flotar con ligereza. Dile adiós, despídete de nuevo y de la misma forma dile también adiós a todo lo que representa. Poco a poco va desapareciendo hasta que no queda rastro. Ya eres libre, ya puedes disfrutar de tu nueva vida.

ES HORA DE DAR LA BIENVENIDA A TU NUEVA VIDA

De pronto apareces en un lugar maravilloso, es el más bonito que has visto en tu vida, respiras una paz y tranquilidad asombrosas, puedes oler el aroma de todas las flores, oyes el sonido de todos los pájaros, percibes los reflejos del sol entre los huecos de los árboles, vas descalza, sientes el frescor de la hierba en las plantas de tus pies. Ves un precioso árbol que es el más antiguo del lugar. Decides abrazarte a él y cargarte con su energía.

De repente también, te brotan las ideas, te surgen todos los recursos para alcanzar tus metas, no das abasto a apuntar todas esas ideas. Ves claramente, como si los estuvieras dando en este preciso momento, todos y cada uno de los pasos que necesitas para obtener tus logros.

Como de una inspiración caída del cielo, tienes claro tu propósito, has encontrado tu pasión, sabes a qué dedicarte con una gran intensidad. Te estremeces de la emoción, ves las muestras de agradecimiento de todas las personas a las que ayudas con tu labor.

Decides dibujar todos tus proyectos, tu propio sueño, incluso percibes todos los olores, sabores y sensaciones que deben acompañarlo. Son los matices del éxito, de sentirte solicitada.

Por fin has conseguido tu sueño, siente tu alegría, tu felicidad, las sensaciones de entusiasmo, impulso y energía que se suman. Rodea todo eso de una burbuja rosa y mira cómo flotas en el Universo.

Siente en primera persona que el Universo conspira a tu favor.

Ya es tuyo, disfrútalo.

Ahora vas a contar del 10 al 1, muy despacito. En esa cuenta atrás vas a entrar en contacto con tu cuerpo, moviendo manos, brazos, pies, hombros, cuello y cabeza. Por último, abre los ojos.

DISFRUTA TU NUEVA VIDA

BIENVENIDA, GUERRERA DE CORAZÓN

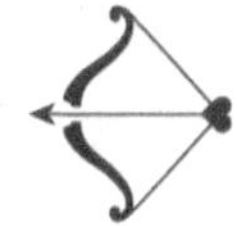

MIS TABLAS DE SALVACIÓN
EN 14 MINIFLECHAZOS

Querida guerrera, si en la parte de este libro que he llamado Primer Flechazo ha quedado reflejado todo lo que quería comentar en relación a la figura del *villano*. A partir de este momento nos vamos a ocupar de nosotras y de nuestro crecimiento personal.

Ya hemos identificado, aprendido...

VE A POR LO QUE QUIERES CONSEGUIR

Atraes aquello en lo que pones tu foco.

TU FOCO ES CRECER COMO PERSONA
DESCUBRIR, RECONOCER Y DEDICARTE A TU PASIÓN

Estos *MINIFLECHAZOS* han sido mis ESTRATEGIAS, mis formas de salir airosa de la situación que estaba viviendo, ¿qué mejor nombre podría darle una *guerrera de corazón*? Una guerrera que sigue creyendo en el amor, en el amor de verdad, y que no se rinde ante ninguna adversidad.

Somos *guerreras de corazón* y con todas estas estrategias nos vamos a rodear de personas de verdad.

Vamos a dar con estas flechas en el centro de la diana, pero no sólo del amor, también en la diana de las relaciones de amistad, laborales, familiares, en la diana de los proyectos que emprendamos...

A partir de este momento encontrarás, tanto en este libro como en los dos volúmenes más que componen la trilogía *Secretos de una guerrera*, recursos para utilizar toda tu energía y enfocarla bien a tu propósito de vida o tu pasión.

Estás en el lugar indicado.

LEER PARA APRENDER Y CRECER

> **"Aprender a leer es lo más importante que me ha pasado en la vida".**
>
> *Mario Vargas Llosa.*

De todas las cosas que he puesto en práctica a lo largo de mi experiencia con una relación dañina ésta es la primera que te recomiendo. Parece la más sencilla y es el origen de todo el aprendizaje y crecimiento que llegó después. Leer es el hábito que me ha cambiado la vida completamente.

Querida guerrera quiero compartir contigo cuáles son mis particulares razones para leer:

1. Amplias tus conocimientos sobre cualquier tema. Te recomiendo que se trate de aquéllos que te acercan a tu objetivo. Casi sin querer, aprendes a comunicarte mejor, casi sin darte cuenta te surgen ideas. Si quieres cultivar tu pasión, leer es imprescindible.

2. Detienes el tiempo cuando necesitas que el reloj se pare.

3. Disfrutas de tu soledad cuando te han condenado a estar sola.

4. Mejoras tu vida en muchos sentidos, muchos más de los que parece.

5. Conoces otros mundos y vas más allá del tuyo.

6. Ríes y lloras, sacas tus sentimientos.

7. Sueñas y tu imaginación, que tanta falta te hace, se incrementa. Desarrollas tu creatividad, visualizando escenas y personajes.

8. Creces personalmente. Amplías vocabulario y mejoras tu ortografía. Aprendes a expresarte mejor. Te conviertes en una persona con cultura.

9. Ejercitas la mente. Alimentas o despiertas tus neuronas, estimulas el cerebro.

10. Te entretienes.

11. Eliminas el estrés.

12. Ayudas a tu autoestima.

Si no lees habitualmente empieza poco a poco, aunque sean dos páginas diarias, hasta que adquieras el hábito de la lectura.

¿Cuáles son tus razones para leer? Me encantaría que las compartieras conmigo.

> Busca tus razones, pero lee, no pares de leer, los grandes triunfadores son grandes lectores.

Gracias a mi afición a la lectura desde niña, he podido salir airosa de muchas situaciones en mi vida.

De pequeña me encantaba leer las aventuras de los *Cinco* de Enid Blyton, ¡qué gran colección! Los tebeos eran también mi pasión y una gran diversión.

Al ser supertímida y tener tantas dificultades para relacionarme era una forma de crearme un mundo aparte. Me encantaban estos momentos de estar conmigo misma.

Cuando crecí mis intereses, lógicamente, fueron cambiando. *Cómo ganar amigos e influir sobre las personas* de Dale Carnegie es un gran libro que me adentró en este apasionante mundo del crecimiento personal. No paro de agradecer el bendito día en que cayó en mis manos, fue mi salvación.

Dicen que los libros te eligen, pues éste me eligió pero que muy bien. Gracias a la lectura de este libro de Carnegie conseguí el trabajo que ha sido mi principal fuente de ingresos.

En los últimos tiempos no he parado de leer libros de autoayuda y crecimiento personal. Para mí han sido una gran tabla de salvación y la mejor compañía en los momentos en que más lo necesitaba.

> Un libro nunca te da la espalda cuando más lo necesitas.
> Tienen la virtud de darte lo que necesitas
> en cada momento.

A día de hoy sigo devorando libros de CRECIMIENTO PERSONAL y de mi otra gran pasión: LAS TERAPIAS ALTERNATIVAS, y de forma muy especial la MEDICINA TRADICIONAL CHINA. De todo esto te hablaré más adelante.

Le estoy muy agradecida a la lectura. Me ha hecho crecer, aprender, formarme y acercarme a mis sueños. Me resulta increíble pensar en el poder de algo tan sencillo, en el mundo infinito de conocimientos que pone a tu disposición y que convierte tus circunstancias en algo tan pequeño.

LA LECTURA ES APASIONANTE, ÁMALA Y DISFRÚTALA

AFICIÓNATE A ESCRIBIR

"La palabra es lo más bello que se ha creado, es lo más importante de todo lo que tenemos los seres humanos. La palabra es lo que nos salva."

Ana María Matute

¿Quién no ha escrito un diario alguna vez?

¿Has reparado alguna vez en cómo te hace sentir?

La escritura en mi caso siempre ha sido terapéutica, reparadora, me ha permitido desahogarme, alegrar el alma, reír, llorar y también ordenar mis ideas.

ESCRIBIR ES UNA DE LAS MEJORES TERAPIAS QUE CONOZCO

Es una maravillosa forma de sacar fuera las vivencias negativas y liberar sensaciones.

La acumulación de emociones negativas en el interior se trasforma en multitud de dolores físicos que empiezan a pasar factura a nuestra salud.

Te he preparado un DIARIO EMOCIONAL, una de las herramientas más importantes de la inteligencia emocional. Éste es el que utilizo pero hay otros que puedes encontrar en Internet; te invito a que prepares el tuyo. Elige el que más te guste pero hazlo.

SITUACIÓN	PENSAMIENTOS	SENSACIONES	EMOCIONES	SIGNIFICADO DE ELLAS	¿QUÉ HICE?	PLAN DE ACCIÓN	APRENDIZAJE	INTENSIDAD (DEL 1 AL 10)	DURACIÓN
Mi ex ha metido pájaros en la cabeza a los niños, haciendo que se quieran comprar productos de tecnología no acordes a su edad.	Ya está este otra vez tocando las narices, inculcándoles materialismo y consumismo, cuando yo trabajo sobre sus valores y la importancia de la familia y los pequeños momentos.	Fuego que me sube desde el esternón, pasando por la garganta y hasta las sienes.	Rabia, ira, agresividad y arrepentimiento de haberle conocido y mucho más de haberle elegido como padre de mis hijos.	Situación que me supera. Nunca me hubiera planteado una situación que se escapa de mi mente. Siempre he pensado que como padres queremos enseñar a nuestros hijos a ser personas con valores.	Respirar, relajarme y comentarlo con mi familia para desahogarme. Después leer un libro.	Escribirle de nuevo un email explicándole cómo considero que es la educación correcta.	Canalizar mi enfado en situaciones que no puedo cambiar porque va a ser el padre de mis hijos toda la vida. Tener paciencia.	10	3 HORAS

¿Tienes ya tu diario emocional?

No pases al siguiente *Miniflechazo* sin tener listo tu diario emocional.

Recuerda que hoy es el primer día de tu nueva vida y esta nueva vida viene cargada de ACCIÓN ENFOCADA hacia tu objetivo.

RELACIÓNATE CON PERSONAS QUE TE APORTEN

"Deja ir a personas que solo llegan para compartir quejas, problemas, historias desastrosas, miedo y juicio de los demás. Si alguien busca un cubo para echar su basura, procura que no sea en tu mente."

Dalai Lama

He pasado muy malos momentos a cuenta de mis relaciones, de mi experiencia de pareja, he sufrido terribles dolores de espalda… Continuamente me quejaba de lo que me sucedía, a todas horas hablando de lo mismo, de lo desgraciada que era y por qué me pasaba todo esto a mí que sólo quería ser feliz y tener una familia.

Aprovecho para pedir perdón a todas las mentes en las que he volcado mi basura. No una vez, ni dos, ni un día ni dos. Un continuo. Desde aquí os pido de nuevo y sinceramente perdón.

Afortunadamente gracias a todo lo que os voy a contar en este libro conseguí salir de ese círculo vicioso.

Si seguimos con los mismos hábitos van a pasar las mismas cosas, obtendremos los mismos resultados.

Aunque este capítulo está dedicado a establecer nuevas

relaciones, he querido hablar sobre este tema porque cuando rompes rutinas surgen nuevas personas en tu vida.

A propósito de esto quiero contaros algo que nos pasó hace unos meses a mis hijos y a mí y que me hizo reflexionar. A esta historia la he llamado:

UNA ABEJA EN EL CRISTAL

Era una preciosa mañana estival de sábado. Estaba con mis hijos tomando un relajado desayuno, conversando y riendo de muchas cosas que íbamos recordando. Nos gusta aprovechar estos momentos para contarnos anécdotas graciosas que consiguen hacernos pasar una rato muy agradable y divertido.

Hubo un momento en que nos quedamos los tres observando la ventana de la cocina. Escuchamos un zumbido que llamó nuestra atención: por el cristal subía y bajaba constantemente una abeja, que obviamente buscaba la salida e insistía una y otra vez en el mismo recorrido. Como me parecía en apuros, le abrí la ventana superior para que pudiera escapar y de paso librarnos de ella, porque a los tres nos dan pánico estos insectos. La parte inferior, donde la abeja concentraba sus esfuerzos por salir, estaba separada de la superior por un marco de aluminio bastante grueso, eso le hacía más difícil detectar por dónde escapar y ser libre de nuevo.

El desayuno se alargó más de lo habitual. Estábamos perplejos viendo cómo hacía constantemente el mismo recorrido sin variarlo un ápice, intentando una y otra vez sin descanso salir de la prisión en la que se encontraba, haciendo exactamente lo mismo cada vez como si se encontrase atrapada en un remolino. Esto me hizo pensar y así se lo expliqué a mis hijos: que eso es lo que hacemos muchas veces en la vida, repetir una y otra vez lo mismo, plantearnos conseguir resultados distintos haciendo cosas idénticas y, como dijo Albert Einstein:

> "Locura es hacer siempre lo mismo y esperar resultados diferentes".

Esto mismo tan sencillo aplícalo a tu vida y haz tus rutinas diarias de forma diferente. Si vas introduciendo esos cambios también te van a servir para encontrar otro sabor en tus rutinas. Haz cosas simples como estas:

• Cambia de medio de transporte en tus rutas habituales: donde vayas en coche coge el autobús, donde vayas en autobús coge la bici, donde vayas en bici ve andando y descubrirás un montón de cosas que ni te habías percatado que estaban ahí.

• Si siempre desayunas café, tómate un zumo o un yogur.

• Si siempre vas corriendo a todos los sitios, detente cinco minutos en un banco a observar a la gente, qué hacen, cómo se mueven, cuáles son sus conversaciones.

PERMÍTETE SIEMPRE IMPROVISAR

• Cambia de pasta de dientes; no uses el mando a distancia de la televisión, simplemente levántate del sofá a cambiar de canal; ve por las escaleras en lugar de usar el ascensor; cambia el formato de tu libreta de anotaciones…

• Si vas siempre al mismo bar cámbialo por otro, si sales siempre a la misma hora a comer y te lo puedes permitir sal a una hora distinta, incluso conocerás a otras personas.

Voy a dedicarme a hacer cosas distintas para obtener resultados diferentes en todo lo que me proponga cambiar, mejorar o atraer en mi vida. Desde luego en lo sucesivo, cuando busque soluciones, voy a pasar al otro lado del marco de la ventana y encontraré seguro algo mejor.

¿Te atreves a traspasarlo conmigo?

He ido siempre contracorriente y esto pasa factura, así que bendito el día que me dio por pensar y me pregunté:

¿Habrá más personas en el mundo como yo?

Personas que tengan intereses parecidos a los míos, a quienes les interese otro tipo de conversaciones y otros aprendizajes. Afortunadamente claro que las hay y muchas y son las que han pasado a formar parte de mi nueva vida y mi crecimiento personal.

¿Ya sabes que personas te acompañarán en tu nuevo camino?

Cambia tus rutinas, haz cosas diferentes, aprende y este nuevo grupo de personas surgirá como de la nada casi sin darte cuenta.

DAR LAS GRACIAS

"No lo olvides, somos el resultado de lo que hacemos repetidamente. La excelencia, entonces, no es un acto sino un hábito."

Aristóteles

Posiblemente estés pensando que esto es muy banal y que es una soberana tontería.

Sin embargo, de todos mis *Miniflechazos* este es el más efectivo. Es muy fácil, y al tiempo muy difícil. Incorporar un nuevo hábito es de las cosas que más nos cuesta.

La gratitud es una palabra que tiene muchos matices, desde el mero hecho de dar las gracias como una muestra de amabilidad, hasta demostrar agradecimiento a todas las personas con las que nos cruzamos a lo largo del día y nos facilitan cualquier cosa, pero de lo que quiero hablar en esta ocasión es de algo un poco distinto.

MUÉSTRATE AGRADECIDA POR TODAS LAS POSESIONES DE TU VIDA

Los beneficios de esto son múltiples. Es una de las virtudes que debes trabajar, *querida guerrera*, porque te aseguro que cambiará tu vida de manera radical. Cuando te sientes agradecida te encuentras mucho más feliz, más receptiva para aceptar las oportunidades que te puede brindar la vida. Cuando estás agradecida te sientes mucho más optimista e incrementas tu bienestar y el de tu entorno.

PRACTICA LA GRATITUD CADA DÍA DE TU VIDA

Si eliges esta forma de vida ya no puedes vivir otra. Sentirte agradecida desde que abres los ojos por la mañana hasta que los cierras por la noche da calidad y calidez a tu vida.

De esta manera disfrutas mucho más el momento, valoras todas las pequeñas cosas cotidianas y a cada persona con la que compartes tu vida.

Sonríe, presta atención al presente, al ahora, y percibirás todo aquello por lo que puedes sentirte agradecida, incluidos tus propios valores.

Te dejo una frase que me encanta porque dice mucho de esta virtud:

> "El agradecimiento es la memoria del corazón." *Lao-Tsé*

También hay un dicho popular que dice: "Es de bien nacido ser agradecido". ¿Cuántas veces lo hemos escuchado y lo hemos pasado por alto? Algo tan sencillo como esto y que olvidamos a menudo.

¿Para qué sirve trabajar el agradecimiento?

Para darte cuenta de todo lo que posees en la vida, tanto material, físico como espiritual. Para hacer más pequeño lo que te falta y más grande lo que tienes. Para cambiar tu enfoque y centrarte más en lo que ya posees.

¿CÓMO PUEDES TRABAJAR EL AGRADECIMIENTO?

Aquí te dejo algunas ideas sobre cómo trabajo el agradecimiento. Seguro que a ti se te ocurren muchas más, no dudes en ser creativa y hacerlo a tu manera y así lo vas a disfrutar incluso más.

Lo primero que hago es compartir contigo un ejercicio que te será muy útil y que llevo a cabo de dos maneras:

1. Hago una relación mental o en voz baja de todas las cosas por las que tengo que estar agradecida. Incluyo todo tipo de posesiones físicas por obvias que parezcan (ojos, nariz, brazos, órganos…), materiales (coche, móvil, casa...), personales (hijos, pareja, madre, padre…) y así con todas las facetas de mi vida y añadiendo las razones por las que son tan importantes y cómo enriquecen mi vida.

2. Divido un folio por la mitad, al lado izquierdo pongo todo lo que me falta, al lado derecho todo lo que tengo. Te sorprenderá saber que siempre sale ganando ese lado derecho del papel tanto en mi caso como en aquellas personas que han puesto en práctica este ejercicio.

Para hacerlo más apetecible y convertirlo en hábito te doy varias sugerencias **más:**

• Consigue una libreta bonita. De esta manera te apetecerá escribirlo todo y te será más fácil adquirir el hábito.

• Busca tu mejor momento para que te sea más fácil llevar a la práctica estos ejercicios, que puedas integrarlos en tus rutinas, convertirlos en una rutina.

• Consigue un calendario, si es posible con hojas mensuales y con un buen hueco en cada día. Vas anotando los días en que has trabajado estas sugerencias mías y si consigues mantener este nuevo hábito durante un mes puedes considerarlo adquirido.

• Inventa, crea, experimenta, todos no somos iguales y a todos no nos funcionan las mismas cosas, lo importante es que trabajes el agradecimiento; la mejor forma es tu manera.

• Rodéate de cosas positivas. **Sé** selectivo con la información que recibes diariamente. Rodéate de lecturas positivas, imágenes y sonidos agradables, personas que te contagien alegría y felicidad. Alimenta tu mente con pensamientos e información que te aporten armonía y bienestar. No permitas que nadie utilice tu cerebro como si fuera un cubo de basura.

Enfócate en todo lo positivo, trabaja el agradecimiento y los resultados llegarán por sí solos.

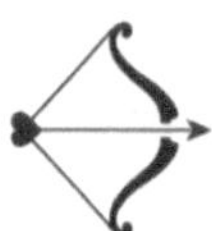

NO TE PREOCUPES, OCÚPATE

**"Si una cosa tiene solución, ¡para qué preocuparse!,
y si no tiene ya solución, ¡para qué preocuparse!"**

Proverbio chino

Desde el primer abandono por parte de *mi villano* aprendí una gran lección que me apetece mucho compartir contigo.

La primera vez que se fue me invadió la desesperación.

Pero con frecuencia la ficción supera a la realidad. Y casi todas mis preocupaciones de entonces, que me quitaban el sueño, se quedaron en eso.

A los tres meses ya estaba de vuelta, pidiéndome mil perdones. No me siento precisamente orgullosa de aceptar aquel primer regreso pero fue mi decisión entonces.

Mi opción es ocuparme de las cosas y jamás preocuparme en exceso. Soluciono las cosas cuando ocurren. Tengo previsión y trato de anticiparme a lo que pueda ocurrir, pero, si no es así, soy capaz de enfrentarme a lo que viene.

PREOCUPARTE NUNCA MÁS
OCUPARTE SIEMPRE

¿Cómo hacer todo esto posible?

Si lo analizas bien, es un mal común. Hay muchas personas preocupándose por cosas la mayoría del tiempo. Con frecuencia son cosas que se teme que sucedan y que es probable que no pasen nunca. Si suceden, lo único útil es ocuparse de ellas.

Creo que es un tema muy interesante, desde luego en mi caso no tener esto claro me trajo bastantes quebraderos de cabeza.

¿Cuántas veces has estado preocupada por cosas que nunca han pasado o, más aún, que han estado muy lejos de ocurrir?

Activa tu radar para detectar preocupaciones, en cuanto las detectes, detente, deja de preocuparte y ocúpate.

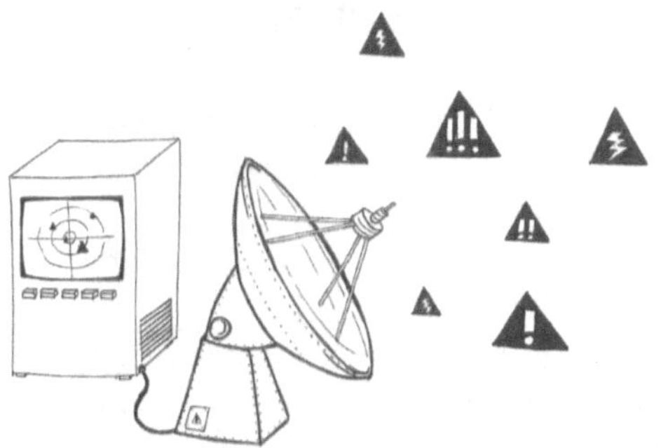

Recuerda que si lo pones en práctica el único riesgo que corres es el de que te cambie la vida a mejor.

En mis libros te propongo OCUPARTE: trabajar en tu crecimiento personal.

Todo lo que trato de que vayas aprendiendo y poniendo en práctica supone un buen camino, te lo aseguro, para tratar de controlar el rumbo de tu vida.

Pongamos el foco en lo que queremos y vamos a olvidarnos de lo que no queremos. Si te enfocas todo el tiempo en lo que no quieres, lo interiorizas y lo terminas atrayendo a tu vida. Pero de esto ya hablaremos largo y tendido y en este sentido permíteme que te emplace ya a leer el tercer libro de esta trilogía en el que trato sobre la apasionante Ley de Atracción.

¿Estás integrando poco a poco estos *Miniflechazos* en tu vida?

Me encantaría que me contaras cómo los estás integrando. Si se te ocurren otras maneras, desde luego te invito a compartirlas conmigo y puede que en próximas ediciones de mi libro salgan publicadas.

¿Te imaginas a cuántas personas puedes ayudar?

POSPONER

**"Cuando las prioridades están claras,
las decisiones se hacen fáciles."**

Anónimo

En cierto punto de mi vida me encontraba con continuas obligaciones. Las 24 horas del día tenía cosas que hacer, siempre me decía: el día que sólo tenga que trabajar, atender la casa y cuidar de dos niños van a ser como vacaciones para mí.

Cuando mi *villano* se fue por última vez de casa la única forma que tenía de salir adelante, económicamente hablando, después de la ruina en la que me había dejado, era echando más horas que un reloj y con más imaginación que un niño.

POSPONER ha sido una bendición en mi vida. Creo que esta idea viene y es muy curioso del calendario Outlook con el que suelen contar los ordenadores, pero desde luego me vino como anillo al dedo utilizar este concepto ideado por una computadora en mi vida personal.

Un día de mucho agobio. De esos días que tienes que hacer mil cosas a la vez (¿te suena, verdad?) y todas parecen obligatorias, me acuerdo que pensé en voz alta: ¡A esto le doy a posponer!

Fue un descubrimiento maravilloso, porque desde aquel día según van surgiendo obligaciones de forma espontánea, sé cuál es la importante y cuál es la que se puede posponer sin ningún problema.

Esta fórmula de posponer lo que no es importante ni urgente en el momento es una forma extraordinaria de establecer tus prioridades.

Cuando sabes lo que quieres, cómo lo quieres y dónde lo quieres, conoces el camino para el logro de tus objetivos.

Recuerdo con precisión, por ejemplo, que en aquel momento, mi prioridad era no cambiarles la vida "todavía más" a mis hijos. Ya era bastante que se acostumbraran a vivir sin su padre, como para, además, cambiarlos de casa y de barrio, ¡eso no lo podía permitir!

Durante mucho tiempo no me ha quedado más remedio que utilizar los pocos recursos que tenía, que son estos *Miniflechazos* tan básicos, pero te puedo asegurar que fueron el inicio de todo lo que ha venido a continuación.

A cierta altura tomé la firme decisión de no ir hacia atrás ni para coger impulso. Tenía claro que todo lo que había conseguido con tanto esfuerzo no iba perderlo así como así, ni se me pasaba por la cabeza rendirme, era perder todo lo que había conseguido hasta el momento, aunque he de reconocer que en muchos momentos ganas no me faltaron.

Si trabajas sobre tu prioridad y le das a posponer a lo que no es prioritario, irás derecha a tu objetivo. Sin esta claridad de ideas irás como un barco a la deriva, sin rumbo, sin meta, sin destino.

Toma la decisión de posponer lo que no es importante, dedica todo tu esfuerzo a tu meta y utiliza estas *flechas* para dar en tu diana.

> "Aquel que lo piensa mucho antes de tomar una decisión, se pasará toda su vida sostenido en un solo pie."
>
> Proverbio chino

CONFIAR EN QUE SE VA A RESOLVER

> "Un pájaro posado en un árbol nunca tiene miedo que la rama se rompa, porque su confianza no está en la rama, sino en sus propias alas."
>
> Anónimo

He pasado por muchos momentos difíciles, muchas situaciones en las que no sabía qué iba a ser de mi vida, de una gran incertidumbre. Un día tenía pareja y al siguiente estaba sola, me quedaban mis hijos pero también tener que sacarlos adelante en solitario.

Yo abría los ojos por la mañana y me decía: "Estupendo Belén, estás sola, con tus ingresos y el total de los gastos. ¿Y ahora qué?"

¿Cómo alguien puede dejar tantas cosas atrás y quedarse como si nada?

¿Qué tipo de mente puede tener esta persona?

¿Cómo escapas de las garras de alguien así?

¿Cómo reaccionas ante esta situación?

¡Qué inestabilidad! Pero, ¡qué ocasión ideal para coger impulso y crecer!

Convierte tus tropezones en un gran salto para avanzar. Quien tropieza y no cae, avanza dos veces.

Yo vencí mi propia desesperación.

En pocas palabras: me hice un master en SITUACIÓN INESTABLE e instalé mi software CONFIAR EN QUE SE VA A RESOLVER y mano de santo.

Desde entonces lo aplico para todo y es fantástica la manera en que se resuelven las cosas.

Los MILAGROS siempre van acompañados de ACCIÓN.

ACCION ENFOCADA HACIA TU OBJETIVO

Querida guerrera, también te puede ocurrir que te viene una situación difícil detrás de otra, entonces es muy conveniente hacer un parón y analizar lo que está pasando.

¿Por qué sin haber terminado de levantarte del suelo ya tienes otra zancadilla o traspiés? ¿Te encuentras con varias situaciones dignas de una gran carrera de obstáculos?

Una forma muy práctica y efectiva de "combate" es hacerse preguntas, cuantas más mejor. Las respuestas te ponen de nuevo en marcha.

Debes tener en cuenta que las circunstancias externas no las podemos elegir pero sí la manera de enfrentarte a ellas.

Me considero a estas alturas una persona fuerte, pero tengo momentos de debilidad y suelen juntarse. Mi forma de proceder es dejar pasar el mal momento.

Como si me pasara por un escáner a mí misma, intento ser consciente de todo lo que atraviesa mi mente y mi cuerpo. Esto me ayuda mucho, pero, eso sí, intento que cada vez ese momento malo sea más breve y me afecte menos, aprender de las experiencias para no volverlas a repetir por aquello de "tropezar en la misma piedra sí, pero no encariñarte con ella".

Pero, ¿y si esa piedra se ha partido en varios trozos, sientes que está por todas partes y no entiendes por qué el pasado te persigue? Piensas que el pasado se tiene que quedar en eso, en pasado, pero hay veces que corre a tu lado y cuanto más corres más se pega a ti, como una experiencia que se repite sin cesar hasta tu aprendizaje. ¿Qué hacer entonces?

Las circunstancias, insisto, no las puedes elegir, especialmente si son daños colaterales del pasado, que sabes de antemano que van a permanecer por mucho tiempo a tu lado.

Te recomiendo enfocarte en un sencillo pero estupendo: "lo que no puedas cambiar déjalo estar". Es la primera premisa.

Personalmente me llegó la luz mientras daba vueltas a todo esto en mis momentos de desahogo y búsqueda, acudiendo al Universo entero solicitando ayuda e inspiración…

Pensé:

"Belén, acuérdate de todas la situaciones difíciles que has superado y de las que has salido. En aquel momento te agobiaban un montón y ahora recordándolas incluso te produce una sonrisa de satisfacción haberlas superado".

Y a veces me sorprendo de la utilidad de estas conversaciones conmigo misma.

Y me seguí diciendo:

"¿Cuál ha sido mi ayuda principal en este tiempo?

Primero, pensar que al final, para bien o para menos bien, se ha resuelto mi situación.

Dedico mis esfuerzos a pensar la mayor parte del día en todo lo bueno que tengo y a lo menos bueno le dedico el tiempo justo.

Preocuparse es ocuparse de las cosas antes de que ocurran y desgasta una barbaridad, consume una gran cantidad de energía que puedes invertir en algo más productivo. No voy a preocuparme, voy a ocuparme."

Y de pronto, mientras hablaba así conmigo, salió la palabra mágica que se ha convertido en mi auténtico modo de vida: CONFIANZA.

Y me dije a mí misma casi por primera vez y para siempre: **"Belén, confía"**.

Si aprendes a confiar en que algo se va a resolver, con verdadera fe, no te haces idea del alivio que experimentas. Mi vida es otra, es como cuando te quitas unos zapatos de tacón que te están martirizando.

Esta es la sensación que siento y que te invito a probar. Una mezcla de CONFIANZA y de ALIVIO.

En resumen:

1. Tropieza con la piedra, pero no te encariñes con ella.

2. Piensa que lo que no puedas cambiar debes dejarlo estar.

3. Trabaja las situaciones que necesitas mejorar y dedica tu energía a vivir como te gustaría.

4. Confía, confía, confía y sentirás a cada minuto la sensación de quitarte unos terribles zapatos de tacón.

CONFÍA

TODO SE VA A RESOLVER

DE UNA FORMA U OTRA SE VA A RESOLVER.

CONFÍA

Lo que tiene que ser será, a su tiempo y a su momento; sólo confía y espera con paciencia.

ELIGE Y ACEPTA

He cometido muchos errores que he pagado muy caros y por mucho tiempo. Caros en toda la extensión de la palabra. Me he preguntado muchas veces: ¿Cómo he dejado que ocurra? ¿Cómo he llegado a esta situación?

Ahora me hago esta otra pregunta: ¿Puedo cambiarlo?

Si no puedo cambiarlo, lo dejo estar.

Hoy en día elijo y tomo una decisión con todos sus pros y contras y acepto sus consecuencias sin más. No me dejo llevar por la rabia más allá de un momento, no me hago daño emocional, reservo mi energía.

Si veo que mi elección no es buena, entonces vuelvo a elegir y vuelvo a aceptar.

La historia que voy a contarte ahora es muy personal, ocurrió tal cual y refleja lo que os quiero transmitir con esta idea.

Hace un tiempo estuve en la consulta de mi maestro de Medicina China. Le admiro tanto por su gran preparación en medicina oriental como en la occidental, además de esto, fue criado en un herbolario y no hay planta que se le resista y de la que no sepa todas sus características y propiedades.

Desde hace tiempo siempre que estoy con alguien procuro aprender todo lo bueno que me puede aportar y es algo que me proporciona múltiples beneficios. Me evita muchos verdaderos quebraderos de cabeza, porque ante los problemas pongo en práctica lo que he aprendido de los demás y consigo no ir tropezando en todas las piedras que me encuentro en el camino. Está claro que todas las personas que pasan por tu vida te dejan una semilla, todas te aportan algo y de todas tienes algo que aprender.

Como te decía, estaba hablando con mi maestro y contestando a todas sus preguntas como paciente y en un momento de la conversación me dijo algo que se me quedó grabado.

TIENES QUE ELEGIR Y ACEPTAR

SI HAS ELEGIDO HACER ALGO TIENES QUE ACEPTAR NO TENER TIEMPO PARA OTRAS COSAS

Al principio estuve dándole muchas vueltas a estas frases; me costaba encajarlas. Ahora las he interiorizado y puesto en práctica y me han sido muy útiles porque me evitan estar dando vueltas a las cosas una vez que he tomado una decisión.

¿Qué significa exactamente esto y cómo se aplica?

La verdadera dificultad cuando hay que elegir es que al elegir una alternativa desechas la otra. Haces una lista de pros y contras, pero no tienes claro qué pesa más. Estás en un dilema. Después de ver qué alternativa se ajusta más a tus valores, cuál te va a aportar más beneficios y te va a hacer sentir mejor, decides confiar en tu intuición, restarle importancia al "contra" y, sobre todo, y crees que consigues distinguir bien entre dudas y excusas, pero de todos modos siempre te queda el temor de haberte equivocado.

Es el momento de pasar a la aceptación, que es lo que más nos cuesta.

Pues así de fácil: cada vez que te enfrentes a un dilema o a una decisión importante, cuando tengas que elegir, valora por supuesto razonablemente ventajas e inconvenientes y todo lo que consideres necesario, porque las decisiones lo son porque no son fáciles, pero una vez que te decantes por algo.

ELIGE Y ACEPTA

Te pondré un ejemplo de algo que me traía de cabeza, como se suele decir, y que me tenía bloqueada impidiendo que llegara a una conclusión.

En mi caso, me apasiona el crecimiento personal, la Medicina China y las terapias alternativas. Al principio, quería hacer todo sin renunciar a nada, me agobiaba no tener tiempo. Si le dedicaba tiempo a una cosa, me quitaba tiempo de otra y todo esto me tenía en un sinvivir.

Desde que actúo de esta manera, desde que ELIJO Y ACEPTO estoy más tranquila y calmada, he elegido cuál es mi prioridad y el resto del tiempo se lo dedico a lo demás. Así de simple y de esta manera con todos los dilemas que se me plantean.

¿Cuál es tu dilema?

¿Es un dilema económico, de trabajo, de estudios, de pareja?

¿Quieres ir de vacaciones pero quieres amueblar la habitación de los niños? Supongamos que no puedes hacer las dos cosas porque económicamente no te lo puedes permitir. ¿Qué haces?

Recuerda, siempre que se te plantee un dilema ELIGE Y ACEPTA. Te reportará una gran tranquilidad.

Si de todas formas no te sirve, siempre está la opción de volver a elegir para volver a aceptar. Eso también es ACEPTAR.

¿Quieres comentarme tu dilema y ELEGIMOS Y ACEPTAMOS JUNTAS?

FORMACIÓN CONTINUA

"Darse cuenta de que se es ignorante es un gran paso hacia el saber."

Benjamin Disraeli

¿Recuerdas cuando te contaba la búsqueda constante de mi *don*, la búsqueda de a qué dedicarme y que eso me sirviera para ayudar a los demás?

Pues tenía un sentido.

No encontrar lo que buscaba me provocaba una verdadera ansiedad de conocimientos y así es como acabé por emprender una larga trayectoria en mis dos pasiones:

EL CRECIMIENTO PERSONAL

LA MEDICINA CHINA

Esto además de hacerme aprender, crecer, ser mejor persona, darme la oportunidad de ayudar a los demás tal como me ha ayudado a mí misma, me hace sentir plenamente feliz.

Ver como personas que están pasando por situaciones personales delicadas de salud, bienestar, de tipo laboral, familiar... crecen con tu ayuda y encuentran su camino es maravilloso y, como decía un anuncio de televisión, "no tiene precio".

He crecido porque o lo hacía o me hundía. Todo esto me ha hecho olvidarme en innumerables ocasiones de mi aburrida vida donde me hacían de menos, me infravaloraban y recibía un apoyo igual a cero.

Todos mis tiempos de soledad *acompañada*, que han sido

muchos, los pasaba ampliando conocimientos y velando por mi modesta economía.

Llegó un momento de hastío, de no poder más en medio de horas tediosas de televisión, de su televisión. Todas las noches igual, largas horas de televisión, la que le gustaba a él.

Empecé a buscar opciones y mi portátil siempre me acompañaba. De esta manera, convertí mi tiempo de angustia en aprendizaje, me permitió crecer, tener recursos y encontrar mi pequeña felicidad.

Desde antes de cumplir los 15 años frecuentaba lecturas de crecimiento personal y estoy segura de que esto ha sido mi salvación. Son unas cuantas páginas para trabajar mi interior.

En todo caso, a nivel físico mi situación me pasaba mucha factura y ahí es cuando, durante el embarazo de mi hijo, entró en mi vida el Reiki y el resto de terapias alternativas; mi otra gran adquisición.

Los resultados en mí misma al aplicar todos los conocimientos que iba teniendo eran increíbles. Mi vida empezó a mejorar a todos los niveles de forma espectacular. Todo esto hacía que quisiera seguir aprendiendo. Necesitaba saber más.

Y es así como a día de hoy no he parado de aprender y dedicarme a mi formación.

Cuando entras en este maravilloso bucle, todos los días tienes interés por cosas que quieres aprender, haces algo y a cada minuto lo quieres hacer mejor. Descubres tus habilidades y quieres tener más. Conoces tus flaquezas y cada vez las quieres trabajar más.

Y al final pasas una frontera, una línea invisible y quieres estar al servicio de los demás y ayudar y todo se vuelve motivación.

Al mismo tiempo, logras que todas las personas que ayudas se encuentren cada día mejor y esos resultados te estimulan a hacerlo mejor. Así es como formas una bola de nieve, esta vez una estupenda bola de nieve que crece.

Y esto, *querida guerrera*, es la mayor satisfacción.

BUSCA QUIEN TENGA LO QUE TÚ QUIERES CONSEGUIR

Este *Miniflechazo* fue el que más me costó integrar pero al hacerlo convertí un sueño en realidad.

Toda la vida buscando este *don* y lo llevaba en mi interior.

Esta necesidad de compartir mi mensaje, el hecho de que haya ocurrido al cabo de muchos años no ha sido casualidad.

Necesitaba estas vivencias y conocimientos para poderte ayudar desde la experiencia, que es desde donde de verdad se puede echar una mano. Ahora sí me encuentro preparada y con la formación suficiente para ayudar.

Me faltaba trabajar con un mentor, una persona que tuviera en su mano los resultados que yo quería alcanzar.

Como la gran mayoría de la gente estaba esperando a tener, a ganar más, a que llegara el mejor momento y un montón de excusas que sólo me han servido para demorar más el momento de ponerme a escribir que es lo que he querido toda la vida. Nunca es tarde y aquí me tienes con 48 años. He superado el temor y, bien aleccionada por mi mentor, lo he conseguido.

Nunca había creído realmente en mí, me autoengañaba sobre las dificultades de conseguir lo que se quiere, aunque tampoco perdía en el fondo la esperanza.

El verano de 2017 no pude aguantar más y decidí quemar mis naves. Tenía claro que yo sola, a base de ensayo y error no lo iba a conseguir nunca.

Y encontré a mi mentor, ese año llevaba a mis vacaciones los biquinis y la maleta y algo más que conoceréis al final de este libro.

> "Lo que buscas te está buscando a ti"
>
> **Rumi**

Lo cierto es que hoy estoy aquí, firme, para darte el empujón que necesitas y que tú también hagas lo que tienes que hacer y también sirvas de ejemplo.

BENEFICIOS DE TRABAJAR CON UN MENTOR

La clave está en desgranar qué es y qué representa la figura de un mentor:

* Es una persona que ya ha pasado por donde tú quieres pasar y te puede transmitir los conocimientos que ha adquirido en sus años de experiencia.

* Es una persona con resultados en el área que quieres trabajar.

* Te aporta su experiencia y te indica los pasos a seguir para no perder tiempo en procesos que no te llevan a ninguna parte.

* Obtienes las herramientas apropiadas para aplicar en cada caso.

* Las posibilidades de éxito al trabajar con un mentor se incrementan considerablemente. Ahorras tiempo y dinero.

* Te permite vivir un proceso de desarrollo personal y transformación interior, creciendo de forma progresiva y continuada.

* Te va a enseñar a potenciar tu talento tanto a nivel profesional como personal.

* Te va a guiar de la A a la Z para que consigas alcanzar tus metas y objetivos.

Existen miles de factores en cada proyecto personal que hay que tener en cuenta para asegurarse el éxito, nos cuesta mucho más todo lo que perdemos en nuestra tarea de ensayo y error.

¿Recuerdas al Señor Miyagi en *Karate Kid*?

Aquel adorable señor mayor que convierte a un joven en un gran luchador.

¿Y a Mickey Goldmill en Rocky?

Aquel boxeador retirado que confió en Rocky viéndolo como un campeón cuando nadie apostaba por él y termina convirtiéndolo en un gigante de la pelea.

Estos dos ejemplos son claros de lo que representa un mentor.

Busca un mentor que te convierta en un gran luchador, te va a enseñar todo los recursos necesarios para pelear, pero en la mejor batalla de tu vida, la de

TU LOGRO PERSONAL

ASÓCIATE A PERSONAS CON INTERESES COMUNES

Desde que lo vi claro y me rodeé de personas con los mismos intereses mi vida ha pegado un giro radical. Las personas de tu entorno, por mucho que las quieras, muchas veces son una rémora que te impide crecer. Te quieren y creen que te están dando lo mejor, pero no es así.

Adoro a mi madre, a mis hermanos, valoro mucho a mis seres queridos y a las personas de mi entorno más cercano, pero, si les hubiera hecho caso, hoy no estaría aquí escribiendo esta historia y compartiendo todos mis aprendizajes con vosotras.

Ten en cuenta que, hoy en día, gracias a la tecnología, estás conectado a todo el mundo. Prácticamente tienes el mundo a tus pies. Lo que quiero decirte con esto es que se pueden encontrar personas con los mismos intereses con relativa facilidad: hay miles de personas con las mismas inquietudes que tú y que están deseando relacionarse con personas como ellas.

Sal, busca y encuentra a esas personas, contacta con ellas, reuníos para aprender y crecer juntas, para motivaros, divertiros, crear un proyecto común, lo que sea que os ilusione y motive.

Cuando sales de tu zona de confort, empiezas tu proyecto personal y trabajas hacia tus objetivos te esperan momentos muy duros.

Todo no sale redondo, atraviesas dificultades, la mente te juega malas pasadas y piensas continuamente en tirar la toalla.

O simplemente pospones las tareas que tienes que hacer y esperas que la casualidad venga en tu ayuda. Confías en que algún día pase algo en tu vida que te lleve adonde quieres ir.

Siento decirte, *querida guerrera*, que esto no va a ocurrir. Lo sé por propia experiencia: hasta que no he buscado y encontrado personas que van hacia el mismo sitio no he conseguido mis logros.

Actualmente parte de mis ingresos van a parar a mi formación, pero formación con personas y con los resultados que yo quiero tener. Personas que han pasado por donde yo tengo que pasar.

Así es como se avanza hacia los objetivos de forma directa.

Si quieres crear tu propio grupo de apoyo y necesitas ayuda no dudes en contactar conmigo.

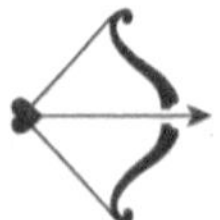

LA TRÍADA PERFECTA
BÚSQUEDA-*VILLANO*-PASIÓN

"La única forma de hacer un trabajo excelente es hacer lo que amas."

Steve Jobs

Si no tienes un propósito definido, una gran pasión por algo, tienes que dedicarte a su búsqueda, tienes que entregarte en cuerpo y alma a la búsqueda de ese algo que llenará tu vida, ese algo que harías incluso gratis.

Paradójicamente, *tu villano*, sea quien sea, o lo que sea, es el que te va a hacer espabilarte y crecer de verdad.

Ya tienes los ingredientes fundamentales:

BÚSQUEDA DE TU PASIÓN

VILLANO O ENERGÍA PARA DESPEGAR

PASIÓN O PROPÓSITO

Para la búsqueda de tu pasión, hacerte preguntas puede ser la clave. Tú eres la única que puedes descubrir cuál es tu *don*, ese *don* que te hace única y especial. Tú eres la única que tiene las respuestas. Hazte preguntas desafiantes para averiguar qué te hace vibrar, qué despierta tu llama interior.

Es un buen momento para reflexionar sobre lo que te motiva.

REFLEXIONES PARA ENCONTRAR TU PASIÓN

1. ¿POR QUÉ TE LEVANTAS POR LAS MAÑANAS, QUÉ TE IMPULSA A LA HORA DE DESPERTARTE?

¿Qué es lo que te gusta hacer?

¿Qué te ilumina la sonrisa?

¿De qué estarías hablando todo el día gratis?

....

....

....

....

¿Qué consigue mantenerte viva y activa?

....

....

....

....

2.   SI EL DINERO NO FUERA UN PROBLEMA, ¿ESTARÍAS HACIENDO LO MISMO QUE HACES HOY?

> "Cada día me miro en el espejo y me pregunto: Si hoy fuese el último día de mi vida ¿querría hacer lo que voy a hacer hoy? Si la respuesta es "no" durante demasiados días seguidos, sé que necesito cambiar algo."
>
> *Steve Jobs*

Si tu respuesta es que estarías haciendo algo completamente distinto, ya sabrás que es una respuesta muy común. De lo contrario, si harías exactamente lo mismo: ¡Enhorabuena! Estás en el camino correcto.

3. ¿QUÉ QUIERES SER DE MAYOR?

¿Eres lo que te hubiera gustado ser?

¿Eres lo que soñabas de niña?

¿Eres feliz haciendo lo que haces en la actualidad?

¿Qué aporta a tu vida lo que haces?

4. VACIAR LA TAZA PARA TENER NUEVO TÉ "TAZA VACÍA, TÉ NUEVO"

Es sencillo: si quieres hacer cambios en tu vida, tienes que "vaciar tu taza" para tener espacio y estar abierto a los cambios. Para mayor claridad, qué mejor que este cuento zen, que me encanta y que te va a aportar claridad:

Cuenta la leyenda que hace mucho tiempo un muchacho acudió a casa de un maestro Zen.

El muchacho le cuenta todos sus aprendizajes y experiencias al maestro.

El maestro después de escuchar al muchacho le invita a sentarse y le ofrece una taza de té.

El maestro vierte té en la taza del muchacho, aún después de que la taza esté llena, hasta que la tetera queda vacía.

El muchacho, aunque sorprendido, por respeto al maestro no quiere decirle nada.

El muchacho llega un momento que desesperado advierte al maestro de que se está derramando y escurriendo el té por la mesa.

El maestro le responde con tranquilidad: Exactamente, si vienes con la taza llena, cómo podrías aprender algo.

A menos que la taza esté vacía no podrás recibir nuevo té.

5. ¿SABES CUÁLES SON TUS CUALIDADES?

¿Conoces tus puntos fuertes? Saber cuáles son, así como conocer tus debilidades, te puede ayudar a conseguir lo que quieres.

Te dejo algunos ejemplos para ayudarte a sintetizar tus cualidades.

- Soy muy organizada.
- Tengo una actitud abierta.
- Soy perseverante.
- Tengo facilidad para incorporar hábitos nuevos.
- Soy muy optimista y positiva.

- Tengo una gran capacidad de lucha.
- Consigo todo lo que me propongo.
- Sé organizarme.
- Soy humilde y me gusta aprender de los demás.

Escribe aquí las tuyas:

6. ¿TIENES MOTIVACIÓN SUFICIENTE PARA CONSEGUIR LO QUE QUIERES?

¿Sabes cómo lograr esa motivación?

¿Cómo sería tu situación o vida ideal?

¿Qué te ayudaría a hacer realidad la situación ideal?

Si tuvieras una varita mágica, ¿qué te gustaría cambiar y hacer en tu vida?

¿Qué harías si tuvieras garantizado el éxito?

¿Qué alternativas tendrías para llegar al éxito?

¿Qué harías incluso gratis?

¿Cómo sería tu vida si hicieras lo que te gusta?

7. ¿ERES CONSCIENTE DE TUS PENSAMIENTOS?

¿Te has fijado alguna vez en la conversación que tienes contigo mismo?

¿Qué te dices?

¿Prevalecen los pensamientos positivos o negativos?

¿Te ayudan a sentir bienestar en tu día a día?

¿Te acercan a tus propósitos?

Nuestro mayor enemigo son nuestros pensamientos. Así de fácil: si cambias tus pensamientos cambiarás tu vida.

La mejor manera de orientar nuestros pensamientos es ser conscientes de ellos y hacer que prevalezcan los que nos interesan.

Mejora tus pensamientos y mejorarás tu calidad de vida. Cuanto más agradeces más tienes por lo que estar agradecido.

EMPIEZA AHORA
HAZLO AHORA

"No esperes por el momento preciso. Empieza ahora. Hazlo ahora. Si esperas por el momento adecuado, nunca dejarás de esperar."

Jasmine Guillman

Hoy es el primer día de tu real vida, de la que has venido a vivir.

Levántate, no te detengas y camina los pasos que necesitas.

Seguir lamentándote no te va a sacar de donde estás.

No lo dejes para más adelante.

El momento perfecto es ahora.

Hazlo ya.

Toma la decisión.

Quema tus naves.

Es el momento ideal de empezar.

El momento perfecto no existe, siempre va a existir un pero.

Coge el momento y hazlo perfecto.

Conviértete en una persona orientada a la acción.

Aunque en la segunda entrega de esta trilogía *Secretos de una guerrera* vamos a reflexionar juntas sobre esto en profundidad, te lanzo algunas propuestas desde ya:

* Prepara una lista de tareas para avanzar en tu proyecto.

* Ordénalas por prioridad. ¿Cómo hacerlo? Hay una regla muy popular y efectiva al mismo tiempo, que es la regla del 80/20. Que es tan simple como que el 20% de las tareas que tienes que realizar equivalen al 80% de los resultados. Mientras que el otro 80% sólo te aportan el 20% de los mismos. Como ves, vale la pena dedicar tiempo a esta parte y ordenar las tareas adecuadamente, tu tiempo se va a multiplicar con creces si ganas en efectividad.

* Imagina que es una tarta. ¿Te la tomarías toda de una vez? Seguramente no, la partirías en trozos y te la irías comiendo porción a porción. Pues con tu lista de tareas igual.

* Elimina distracciones. Si eres dada a diferir las tareas que necesitas hacer, establece franjas cortas de 5 a 10 minutos para realizarlas. Eso sí, durante ese período de tiempo dile adiós a la distracción.

* Ten preparado tu pequeño premio que te dé fuerzas para continuar. Una taza de café, una música que te motive a saltar. ¡Importante!, es un pequeño premio para recuperar fuerzas, no inviertas en él más de 10 minutos.

* Empieza a hacer tareas que te acerquen a tu objetivo desde que abres los ojos por la mañana. Sustituye el típico gesto de mirar el móvil nada más levantarnos. Cuesta pensarlo, ¿verdad? Pues sólo este hábito te proporciona unos resultados increíbles. Multiplica el tiempo que le dedicas a este simple acto por los días de la semana, del mes y del año y piensa en aportar todo eso a lo que quieres lograr.

Querida guerrera, algo más sobre todas las cosas: ¡no lo postergues más!

EMPIEZA AHORA, HAZLO AHORA

MIS PASIONES DE OCIO
DISFRUTA DE LAS TUYAS

Por aquello de que Dios aprieta pero no ahoga, al mismo tiempo que vivía una situación muy difícil fueron surgiendo mis pasiones.

La verdad que una cosa me llevó a la otra. Empecé haciendo rutas de senderismo de nivel básico y a sentirme genial. En este ambiente conocí a gente que acudía a un sitio de bailes latinos y no me pude resistir. ¿Casualidad o causalidad?

El caso es que me vino todo rodado para traer la felicidad a mi vida. Porque así me siento hoy, viviendo la vida que quiero vivir y exprimiendo cada minuto de mi vida. A nivel profesional y personal he encontrado mi pasión.

Cuando trabajas en tu interior, en aprender, crecer y ponerte al servicio de los demás, los resultados llegan sí o sí.

LA MONTAÑA

"No escalas la montaña para que todo el mundo te vea sino para que tú puedas ver el mundo."

Anónimo

La montaña me carga las baterías de una manera que no se puede explicar, me embriago de su esencia, sencillamente soy absolutamente feliz.

Hasta que no comencé mis estudios de Medicina China, no supe realmente por qué la montaña me sienta tan bien.

Me encuentro como pez en el agua y aunque mi nivel en la montaña es, podríamos decir, de usuario, como en los ordenadores, el estar horas pateando, disfrutando de la belleza del paisaje, del viento en la cara, del continuo ir y venir de mi perrete, que disfruta más que yo, es una sensación indescriptible. Hay que vivirlo.

Te recomiendo soberanamente que los fines de semana si no puedes ir muy lejos vayas como mínimo a zonas con árboles a cargarte de su energía. A hacer tu particular reconexión con tu esencia.

Mientras he estado dedicada a la escritura de este libro he tenido lógicamente que sacrificar también buena parte de mi tiempo de ocio, pero como premio tengo todas vuestras muestras de cariño, apoyo, felicitaciones, los correos electrónicos recibidos con vuestras consultas y agradecimientos. ¿Qué más se puede pedir?

Eso sí, tenéis que saber que en cuanto redacté el final cogí el petate, los bastones, a mi mascota y a recargar. Había que coger fuerzas para llevar este mensaje a toda la humanidad. Porque, como dice mi mentor, no pienso parar hasta que llegue a los 7.500.000.000 de habitantes de la tierra. Que luego lo lean o no ya es decisión suya.

EL BAILE

"Bailo porque no existe un mejor sentimiento que el de moverse al compás de una pieza musical y dejar que el resto del mundo desaparezca."

Anónimo

El baile y en especial los bailes latinos me tienen completamente ilusionada, es otra forma de desconectar, de sacar todo lo que necesitas de tu cuerpo.

A pesar de que no tengo una gran habilidad, como me gusta tanto, lo disfruto al 100% y eso es lo importante: es una maravillosa forma de gestionar las emociones.

Desde siempre he querido bailar. Bueno, de niña no, mi madre me apuntó por la fuerza a ballet, me moría de la vergüenza, era incapaz de mover un pie. Luego he practicado cada vez que he estado sola porque mis parejas nunca han querido bailar. Hombres del mundo que no bailáis, por favor, acompañad a vuestras parejas y divertíos.

Una de las actividades que más vida puede dar a una relación de pareja es el baile. Compartes, aprendes, te superas, te diviertes y tienes algo común para hacer los fines de semana y en tu tiempo de ocio.

Comparto contigo un texto del libro *Descubre tus sueños. ¿Bailas?* de mi compañera Stefanía Arias:

"Bailar para ti, que tarea tan complicada es la de hacer entender a las personas que necesitan empezar a moverse solos para después bailar en pareja o en la vida.

El baile ha sido y es mi principal terapia, mi sueño, mi trabajo y mi amor, junto con este libro. Algo muy oculto que dejaba ver de pequeña y que se mantuvo ahí para florecer como la naturaleza hace en primavera... Sí, es una metáfora que me gusta, creo que queda bien.

Las personas reviven recuerdos, sienten sus emociones, vencen miedos, se atreven a confiar en sí mismas. Aumentan sus capacidades gracias al movimiento, a la memoria de una coreografía. Desarrollan habilidades en grupo y de forma individual, expresan, comunican, crean, se enamoran, se emocionan… viven. No dejo de verlo con mis talleres y cursos de Arte en Movimiento."

Si ya conoces tus pasiones dedica tiempo a disfrutar de ellas, si no las conoces busca hasta encontrarlas.

TUS PASIONES SON TU MEJOR REGALO ELEVA TU VIBRACIÓN

"Deja siempre suficiente tiempo en tu vida para hacer algo que te haga feliz, te deje satisfecho y te traiga alegría. Esto tiene más poder sobre nuestro bienestar que cualquier otro factor económico."

Paul Hawken

Hay muchas maneras de hacer esto y yo tengo las mías propias que comparto contigo.

Sobre todo eleva tu vibración en momentos de bajón, en los que sientas que quieres abandonar y dejarlo todo.

Ya eres una GUERRERA DE CORAZÓN así que:

1. Habla con tu grupo de *guerreras de corazón*.

2. Repite tu Oración y Contrato de *guerrera*. Hazlo con ganas y con todo tu corazón.

3. Escucha música que te produzca un buen estado emocional, que te haga vibrar.

4. Acude al encuentro de un libro que te enseñe algo de valor.

5. Escribe. Lo mínimo es tu *Diario emocional*.

6. Baila aunque sea con la escoba en casa.

7. Ríete hasta de tu sombra, mírate al espejo y haz muecas divertidas, pedorretas, no te cortes.

8. Cómete una onza de chocolate. Sólo una, ¿eh?

9. Báñate en agua caliente con sal. Te resucita completamente. Según el momento, acompáñate de música tranquila o, todo lo contrario, música que te haga salpicar.

Al final del libro te propongo una rutina diaria como ejemplo, es sólo para que te sirva de orientación, tú mejor que nadie conoces las circunstancias de tu vida.

Desde luego, si estableces una rutina te será más fácil incorporar estos hábitos nuevos a tu vida.

NO LO DEMORES MÁS, HAZLO

AHORA EL FINAL DE LA HISTORIA....

… y ahí estábamos mis hijos y yo viendo el coche en llamas. Nos dio el tiempo justo de salir y sacar las mochilas. Desde que empezó a echar humo hasta que comenzó a arder no transcurrieron ni dos minutos.

Tenía que decidir rápido y lo hice. Saqué a los niños, a mi mascota, las mochilas y nos alejamos unos 200 metros del coche. Mi mayor temor era que pudiera explotar.

Una vez a salvo me dediqué a pedir un extintor, nadie tenía, nadie ayudaba, estaban más ocupados en tomar fotos y grabar vídeos.

Mientras esperábamos a la policía, a los bomberos y al resto de equipos de rescate no podía parar de pensar: ¡QUÉ AFORTUNADA SOY!

Sí, *querida guerrera,* lo más importante del mundo lo tenía junto a mí.

Aquel día recordé que las cosas materiales, son sólo eso, cosas materiales, que lo más importante son las personas, que solamente ellas son irremplazables.

APRENDE, FÓRMATE, CRECE

UTILIZA TUS CIRCUNSTANCIAS A TU FAVOR

Te lanzo un reto:

A partir de ahora en cualquier situación adversa, en lugar de preguntarte

¿POR QUÉ ME PASA ESTO?

pregúntate

¿PARA QUÉ ME PASA ESTO?

Trabaja, confía y ten presente esto tan básico:

"Lo que no te mata te hace más fuerte."

Friedrich Nietzsche

ACLARACIÓN

El Primer Flechazo de este libro iba enfocado a nuestro *villano*, había que identificar sus señales, ser consciente de la situación, conocer las claves para superar la obsesión amorosa y la dependencia emocional.

Esta parte era muy importante y necesaria, por eso he querido hablar sobre ella, era imprescindible que tomaras conciencia y dejaras de jugar al escondite con esta situación para poder transformar tu vida.

En el Segundo Flechazo hemos aprendido a través de los *Miniflechazos* a dejar el pasado atrás, con estrategias para crear nuestra nueva vida.

A partir de ahora considero, sin embargo, que tu *villano* forma parte del pasado y vamos a trabajar solamente en tu crecimiento personal.

Nos vamos a dedicar a lo que realmente te interesa y aporta: trabajar en ti.

Vamos a trabajar sobre los recursos y herramientas que hemos visto para que puedas utilizar toda tu energia a tu favor.

ATRAES AQUELLO EN LO QUE PONES EL FOCO

VAMOS A ATRAER LA VIDA QUE QUIERES VIVIR

FOCO 100% EN TU PROPÓSITO Y PASIÓN

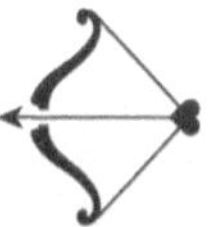

RUTINA DE UNA GUERRERA DE CORAZÓN

Adquiere el hábito de levantarte temprano para trabajar en tu interior antes de enfrentarte a tus obligaciones diarias.

Esta rutina es una propuesta a modo de ejemplo, de orientación, tú mejor que nadie conoces tus horarios y quehaceres. Mi única intención es que te sea más fácil integrarla en tu día a día y hacerte consciente de que no te servirá de nada si no estás decidida a aplicarla.

Vamos a ella:

Antes del trabajo, mientras te vistes y te preparas:	Música para elevar la vibración + CANTAR + SALTAR + BAILAR.
Camino al trabajo:	Escucha audios sobre materias de tu interés preferiblemente relacionadas con la autoestima, la autoconfianza, elevar la vibración… y también de asuntos que toquen cualquier proyecto tuyo.

Durante el día:	A las 10h. Lectura y Escritura de tu DIARIO EMOCIONAL A las 12h. Oración GUERRERA DE CORAZÓN + Repaso mental Contrato GUERRERA DE CORAZÓN A las 14h. CARTA DE AMOR POR TI A las 17h. Revisa tu libreta. A las 19h. Trabaja sobre las notas de tu libreta que son más necesarias para desarrollar tu interior.
Vuelta del trabajo:	Escuchar audios para elevar tu vibración. Lectura, escritura, estudio y aplicación de todo lo aprendido en este libro.
Al acostarte:	DIARIO EMOCIONAL Lee sobre materias para tu crecimiento y formación Oración GUERRERA DE CORAZÓN + Repaso mental Contrato GUERRERA DE CORAZÓN + Visualización GUERRERA DE CORAZÓN

RESUMIENDO...

RECUERDA , PRACTICA E INTEGRA

* Oración de la GUERRERA DE CORAZÓN

* Siempre que lo necesites, mínimo 3 veces al día.

* Repaso mental Contrato GUERRERA DE CORAZÓN. Firmalo y léelo mínimo tres veces al día también.

* Visualización GUERRERA DE CORAZON

* Mañana y noche.

* Trabaja TU DIARIO EMOCIONAL.

* Realiza todos los ejercicios propuestos. Utiliza una libreta exclusiva para este fin. Va a ser tu libreta para trabajar en ti. Acude a ella cada vez que lo necesites y realiza los ejercicios cuantas veces lo precises.

* Convertir las creencias limitadoras en potenciadoras.

* Ten presente las situaciones en las que el subconsciente te está manejando.

* Aplica los Miniflechazos.

Incorpóralos a tu rutina según tu prioridad

¿Y AHORA QUE?

Querida guerrera, tienes mucha información acerca de cómo superar tu situación y de cómo empezar una nueva vida: TU TRANSFORMACIÓN.

Ha llegado el momento de ponerse en marcha y practicar todo lo aprendido.

¿Te imaginas cómo mejorará tu vida al lograr tu transformación?

¿Eres consciente de que no volverás a ser la misma?

> La mente que se abre a una nueva idea jamás
> volverá a ser la misma.
>
> *Albert Einstein*

¿Sabes la capacidad que tienes si aplicas todo lo aprendido?

Comparte toda esta información con las personas a tu alrededor. Seguro que conoces a muchas personas a las que les podría venir bien esta lectura.

Siéntete libre y RECOMIENDA ESTE LIBRO! en todas tus redes sociales y con todo tu entorno.

Busca personas para trabajar juntas en vuestro aprendizaje y conocimiento de todo lo aprendido.

No te detengas, sigue dando pasos, de uno en uno, pero de gigante.

No te quedes en la superficie trabajando sólo en la lectura de este libro, a lo largo del mismo te he ido lanzando sugerencias y propuestas cuya práctica me encantaría que me contaras. Me gustaría igualmente saber de ti, tanto de lo que te ha parecido esta lectura, como de tus pasos y tu crecimiento. Quedo a tu entera disposición en:

guerreradecorazon@belendieguez.com

También puedes seguir con la segunda y tercera parte de esta trilogía *Secretos de una guerrera*:

"RENACER DE UNA GUERRERA"

y

"EL PODER DE UNA GUERRERA"

Y si ya estás decidida a lanzarte del todo y eres de las que no te quedas a mitad de camino, te espero en uno de mis eventos.

En vivo se involucran todos los sentidos. Aprenderás y pondrás en práctica todo lo aprendido, tendrás oportunidad de conocer a personas con las mismas inquietudes, con pasiones distintas y con ganas de comerse el mundo.

¿Te imaginas la de experiencias que puedes vivir?

¿Sabes lo que supondrá esta apasionante vivencia?

Hay un montón de personas esperando que tú des el primer paso para que las lleves de la mano.

GRACIAS, GRACIAS, GRACIAS por estar en mi vida y por permitirme compartir este camino juntas.

Te deseo una vida llena de amor y de bendiciones y que a partir de ahora encuentres tu verdadero camino.

¿QUIERES AYUDAR A MÁS MUJERES?

Me siento extremadamente afortunada por haber escrito:

SECRETOS DE UNA GUERRERA

Este libro define quién SOY, cómo he crecido, aprendido y logrado una gran TRANSFORMACIÓN, además de permitirme tomar CONCIENCIA de todo el proceso que he vivido.

Este viaje de TRANSFORMACIÓN me ha servido para ayudar a muchas mujeres.

Con este trabajo quiero que mi mensaje llegue a todas las mujeres que están pasando por momentos difíciles en su vida para que consigan también: SU GRAN TRANSFORMACIÓN.

Quiero dirigirme a cualquier persona que sea capaz de ver que, con independencia de su situación, puede alcanzar grandes logros usando pequeños recursos a su alcance.

NO HAY EXCUSAS

Quiero contribuir a que esto sea posible, a que las personas y en especial las mujeres hagan frente a sus desafíos y los superen, que puedan hacer realidad sus sueños. Desde que has comprado y leído este libro estás colaborando a eso, porque, además, parte de lo recaudado con sus ventas voy a destinarlo precisamente a ayudar a esas mujeres que han sufrido relaciones dañinas. Como leíste al principio de este libro quiero crear una Fundación, pero mientras esto llega desde luego no voy a quedarme cruzada de brazos.

Hazte una foto con mi libro y estaré encantada de recibirla para conocer a cada persona que está dispuesta a poner su granito de arena y colaborar con el crecimiento personal de la mujer.

Envíame esa foto, cuéntame lo que quieras y dime tu nombre y la ciudad desde la que me escribes. Usa mi correo:

guerreradecorazon@belendieguez.com

Si sientes en lo más profundo de tu corazón, el de una guerrera de corazón, que este libro puede ayudar a cualquier persona que conozcas, háblale de él, regálaselo y empezarás a ayudar tú también.

Vamos a formar entre todas el gran círculo de:

Las GUERRERAS DE CORAZÓN, mujeres fuertes y valientes que se ayudan unas a otras. Este es el gran secreto: POTENCIARNOS ENTRE NOSOTRAS.

Mil gracias por acompañarme en este viaje de crecimiento y descubrimiento, No olvides que:

TE QUIERO

TE AMO

Nos vemos en los siguientes volúmenes de esta trilogía y en los eventos.

GRACIAS, GRACIAS, GRACIAS POR ESTAR EN MI VIDA

Belén

LAIN, LA VOZ DE TU ALMA

Y para terminar, *querida guerrera*, no quiero despedirme de ti sin antes dar las GRACIAS, así, CON MAYÚSCULAS, a mi mentor y a la persona que ha hecho posible que mi sueño desde que era niña se haga por fin realidad.

Sin él, ni yo hubiera escrito este libro, ni tú lo estarías leyendo en estos momentos.

Para mi Lain es una bendición del cielo, apareció en el momento justo, cuando más lo necesitaba. Como dice él mismo: Cuando el alumno está preparado aparece el maestro.

Me había pasado una vida esperando que las circunstancias me sonrieran, con la sensación de que todo me salía al revés. Y es verdad que llevaba muchos años leyendo sobre principios y leyes espirituales, conocía ya la Ley de Atracción y muchas otras cosas, pero no fue hasta la lectura del libro de Lain *La voz de tu alma* que todas las piezas encajaron y lo entendí todo.

Lain tiene esta habilidad: contar todo con una sencilllez que te hace fácil entenderlo y poderlo integrar.

Doy gracias todos los días al Universo por haberlo puesto en mi camino. ¡QUÉ GRAN DESCUBRIMIENTO!

La voz de tu alma es un libro que debería estar en todos los hogares. Está escrito de manera clara, sencilla y directa para que cualquier persona lo pueda entender. De hecho, mis hijos lo leen y lo comprenden perfectamente.

Si quieres conseguirlo lo más sencillo es entrar en:

www.laingarciacalvo.com

REPITE CONMIGO:

Soy Guerrera de Corazón.

Consigo todo lo que me propongo.

Mis obstáculos son lanzaderas hacia mis sueños.

Me voy a dar el mejor trato del mundo.

Todo el mundo me trata como me merezco.

Toda mi energía la voy a invertir para trabajar en mi interior.

Voy a ser mi mejor yo.

Atraeré a mi lado a las personas que quiero tener.

Nunca, nunca voy a permitir que me hagan sentir inferior.

Soy capaz de conseguir todos mis propósitos.

Porque yo SOY UNA GUERRERA DE CORAZÓN.

Te espero en:

PRÓLOGO de Robinson González
Escritor - Orador Internacional - Experto en motivación
renacer DE UNA
GUERRERA
Renacer es VOLVER a empezar
Y solo UNA GUERRERA como TÚ
tiene el poder para lograrlo
BELEN
DIEGUEZ